*Prática Mediúnica*

EDGARD ARMOND

# *Prática Mediúnica*

Aliança

4ª edição, 2ª reimpressão, Setembro/2025, do 5º ao 6º milheiro

---

**Título**
Prática Mediúnica

**Autor**
Edgard Armond

**Revisão**
Maria Aparecida Amaral

**Diagramação**
Sônia Silva

**Capa**
Alline Garcia Bullara

**Impressão**
Mundial Gráfica Ltda.

---

**Ficha Catalográfica**

*Dados Internacionais de Catalogação na Publicação (CIP)*
*— Câmara Brasileira do Livro | SP | Brasil —*

Prática Mediúnica / Edgard Armond
São Paulo : Editora Aliança.

ISBN: 978-85-8364-070-7 / 192 páginas

1. Espiritismo 2. Mediunidade 3. Título

11-06031 CDD-133.91

---

**Índice para catálogo sistemático:**

1. Prática Mediúnica: Espiritismo 133.91

---

**Editora Aliança**
Rua Major Diogo, 511 - Bela Vista - São Paulo - SP
CEP 01324-001 | Tel.:(11) 2105-2600
www.editoraalianca.com.br | editora@editoraalianca.com.br

# *Sumário*

## TRABALHOS PRÁTICOS DE ESPIRITISMO

## MEDINUIDADE DE PROVA

## MEDIUNIDADE-TAREFA



## NOVOS PROCESSOS DE INTERCÂMBIO E APERFEIÇOAMENTO PARA CURAS ESPIRITUAIS

# *Apresentação*

Este volume reúne seis textos abordando a prática mediúnica e, de certa forma, registra a evolução das pesquisas e a descrição dos trabalhos realizados pelo autor.

O primeiro texto, *Histórico dos Trabalhos de Curas Espirituais da Federação Espírita do Estado de São Paulo*, editado em 1968 logo após se afastar dos trabalhos, por motivos de saúde, deixando um balanço e um registro da evolução das atividades da assistência espiritual durante o período que exerceu o cargo de Secretário-Geral da Federação Espírita do Estado de São Paulo.

*Curas Espirituais-Métodos Espíritas de Curas,* editado em 1965 (tiragem de 2000 exemplares), foi revisado e aumentado em três edições pela Editora LAKE (tiragem de 1.200 exemplares).

Em *Trabalhos Práticos de Espiritismo*, editado em 1954, orienta os Centros que ainda não possuíam trabalhos padronizados, naquela época. Pela Editora Aliança foram impressos 23.000 exemplares.

*Mediunidade de Prova,* tema de uma conferência realizada pelo autor em maio de 1943, aborda a questão de ser emprestado ao médium uma condição física especial que lhe permita, com eficácia, servir de intermediário aos Espíritos, ou seja, é capacidade transitória, de emergência, com auxílio da qual o médium pode apressar sua marcha evolutiva e redimir-se.

Em *Mediunidade-Tarefa,* o médium é focalizado face aos compromissos e responsabilidades na execução das tarefas sacrificiais no campo da coletividade humana.

Em *Novos Processos de Intercâmbio e Aperfeiçoamento para Curas Espirituais,* o autor apresenta aos dirigentes de trabalhos espíritas suas pesquisas para melhorar o intercâmbio mediúnico, propondo que os interessados no assunto dessem prosseguimento às suas experimentações. Este texto foi impresso em julho de 1979, com a tiragem de 1.000 exemplares.

São Paulo, abril de 2002.

*Editora Aliança*

# *Histórico dos Trabalhos de Curas Espirituais*

Na Federação Espírita do Estado de São Paulo

# 1

# Histórico dos Trabalhos de Curas Espirituais

Dentro da organização geral da Casa, iniciada em 1940, os trabalhos de curas espirituais tiveram, desde o início, amplo e crescente desenvolvimento, por se tratar de setor obrigatório das realizações evangélicas do Espiritismo, na sua qualidade de "O Consolador" prometido por Jesus.

Os atendimentos, nos primeiros três anos, foram feitos pelo processo clássico das *sessões mistas*, em que tudo era cuidado e praticado, a saber: preces, leituras e interpretações doutrinárias, desenvolvimento mediúnico, doutrinação de sofredores, comunicações de instrutores e familiares, passes e outros tratamentos e, em alguns casos especiais, até mesmo efeitos físicos.

Entretanto, logo depois, essas sessões se tornaram insuficientes, por serem adequadas somente a pequenas reuniões, tipo família, a agrupamentos de pequeno porte ou Centros Espíritas de pequeno movimento quando, muito ao contrário, o que se tinha em vista era preparar a FEESP para atender, em larga escala, as necessidades do povo em geral e uniformizar as práticas.

Por essas razões, em 1944, procedemos a uma organização mais ajustada e específica, com trabalhos independentes entre si, um para cada gênero de atendimento, numa previsão futura de mais ou menos 30 anos.

Em 1946, já surgiram os primeiros resultados desse ajuste, com os seguintes números:

| | |
|---|---|
| Curas espirituais | 1.264 |
| Curas a distância | 3.172 |
| Consultas espirituais | 4.945 |
| Soma dos atendimentos | 9.381 |

Para o trabalho de consultas espirituais foi constituído um pequeno grupo de médiuns que serviu de núcleo, pouco mais tarde, à organização do Colégio de Médiuns, órgão privativo, formado de elementos selecionados, possuidores de diferentes mediunidades.

Nesse mesmo ano, reajustou-se o trabalho de desenvolvimento mediúnico, ampliando os conhecimentos e a praticagem referente às doações para curas.

Em 1947, foi instituída a Câmara de Passes[1], órgão inédito, mas muito útil, destinado a acolher durante o dia, fora das horas de expediente normal, doentes ou pessoas necessitadas de recolhimento e atendimento direto pelo Plano Espiritual.

Em 1949, foram criados os Trabalhos 1 e 2: o primeiro, público, para atendimento de perturbações ligeiras (1º grau), e o segundo, privativo, para perturbações mais graves (2º grau), cuja frequência tem sido sempre considerável.

Em 1950, foi criada a Escola de Aprendizes do Evangelho que, além de sua finalidade essencial, de formação espiritual e de reforma íntima, deveria se transformar em celeiro de trabalhadores para os serviços internos da Federação e, fora dela, no seio do povo, para testemunhação e difusão doutrinário-evangélica.

No mesmo ano, foi criada a Escola de Médiuns, com base no núcleo anteriormente existente, passando esses dois órgãos educativos e iniciáticos a formar o eixo de sustentação da Federação, com amplos reflexos nos trabalhos de curas espirituais e no de Assistência Social.

Em 1951, visando a se expandir para fora da Casa os atendimentos a necessitados em geral e, ao mesmo tempo, auxiliar os Centros Espíritas e outros agrupamentos doutrinários e familiares, no atendimento aos seus doentes, foi reajustado o trabalho de *curas a distância*, à base de vibrações coletivas, que passou à responsabilidade privativa da Escola de Aprendizes.

Esse atendimento a distância, a partir daí, atingiu notável desenvolvimento, na Capital e no Interior do Estado de São Paulo e do País.

Em resumo, foi este o movimento desse ano:

| | |
|---|---|
| Vibrações a distância | 9.420 |
| Curas espirituais | 9.362 |
| Consultas espirituais | 7.134 |
| Soma dos atendimentos | 25.916 |

Nesse mesmo ano, para enfrentar o constante acúmulo de necessidades, foi criado o Curso Intensivo de Passes, a funcionar nos períodos escolares do

[1] Ver capítulo 24 de *Passes e Radiações*, do mesmo autor. (Nota da Editora)

ano. Procedeu-se também à padronização dos passes, com a publicação prévia do método e das regras a empregar na sua prática. Com essa padronização tinha-se também em vista a unificação das práticas doutrinárias, um dos motivos que moveu a Federação a encabeçar o movimento da unificação espírita estadual em 1947, visando-se ainda facilitar as aplicações a grande número de doentes em tempo reduzido.

Criou-se o Trabalho 4 – diurno, público, para perturbações materiais de fundo espiritual.

Em 1952, organizou-se o Departamento de Curas Espirituais; oficializou-se o Colégio de Médiuns, órgão privativo, que permaneceu ligado diretamente à Secretaria Geral, por conveniência funcional, até fins de 1965, e cujas finalidades eram as seguintes:

a) proceder a exames e consultas espirituais de necessitados e doentes presentes e ausentes;

b) encaminhar e distribuir os doentes aos diferentes trabalhos do Departamento de Curas;

c) proceder a exames mediúnicos para encaminhamento à Escola de Médiuns e outros;

d) realizar o intercâmbio reservado da Federação com o Plano Espiritual Superior.

Nesse ano, o movimento acusou os seguintes números:

| | |
|---|---|
| Vibrações a distância | 127.954 |
| Perturbações do 1º grau – Trabalho 1 | 4.534 |
| Perturbações do 2º grau – Trabalho 2 | 7.253 |
| Perturbações duplas – Trabalho 4 | 5.994 |
| Passes em geral | 29.143 |
| Consultas especiais | 18.183 |
| Soma dos atendimentos | 193.061 |

Em 1954, criou-se o Trabalho 3 – choque anímico –, método adotado para substituir as doutrinações de Espíritos, impraticáveis em casas de grande movimento.

Em 1956, evidenciando-se a necessidade de atendimentos individuais diretos, em número considerável de doentes, foram iniciados os primeiros trabalhos do Grupo Pasteur[2], visando aos casos mais graves ou estagnados, não solucionados nos trabalhos já existentes, sendo: o Pasteur 1 (P1), para perturbações materiais, de fundo espiritual, e o Pasteur 2 (P2), para perturbações espirituais específicas, ambos trabalhos privativos, executados com correntes magnéticas de base como, aliás, todos os demais, seguidamente criados, desse mesmo Grupo. O problema delicado de atender *individualmente grande número de doentes em tempo reduzido e espaço acanhado* foi resolvido com estes dois trabalhos pelo processo adotado, com resultados altamente satisfatórios.

Em 1957, os atendimentos, já bem numerosos, somaram 285.924.

A experiência demonstrou que muitos casos de perturbações materiais e espirituais não se resolviam com os trabalhos existentes, exigindo doutrinação de Espíritos influenciadores, seja por efeito de resgates cármicos, de mediunidade negligenciada e outros motivos.

Em consequência, organizaram-se os trabalhos Pasteur 3 (P3), especializações adequadas que se destacam porque atendem número reduzido de doentes, no tempo estritamente indispensável, e por serem realizadas por processos novos e atualizados, eliminados o misticismo e os excessos verbalísticos inúteis.

Na mesma ocasião, criaram-se as aplicações Pasteur 4 (P4), destinadas ao atendimento de crianças, que ficaram sempre a cargo do Departamento de Infância e Juventude.

Reajustaram-se também e novamente os trabalhos de Passes, visando, maior desembaraço de aplicação e maior capacidade de atendimento nos tempos prescritos.

Em consequência dessas medidas, em 1958, o Departamento de Curas apresentou os seguintes números, em resumo:

| | |
|---|---|
| Vibrações a distância | 63.858 |
| Curas espirituais | 95.796 |
| Consultas especiais | 24.836 |
| Passes em geral | 68.633 |
| Soma dos atendimentos | 253.123 |

[2] Pasteur, porque foi o Espírito Pasteur que forneceu instruções específicas a respeito desses Passes ao Grupo de Trabalho dirigido por Edgard Armond na FEESP. (Nota da Editora)

Em 1959, o movimento subiu para 263.155 atendimentos e, assim, penetramos na década de 1960 – dos atendimentos numerosos – com 1961 apresentando os seguintes números:

| | |
|---|---|
| Perturbações de 1º grau – Trabalho 1 | 19.514 |
| Perturbações de 2º grau – Trabalho 2 | 27.356 |
| Trabalho 3 – choque anímico | 36.320 |
| Trabalho 4 – perturbações duplas | 11.004 |

| | |
|---|---|
| Especializações Pasteur | |
| P1 – material | 2.917 |
| P2 – espiritual | 11.195 |
| P3A – material avançado | 1.872 |
| P4 – crianças | 6.382 |
| Passes magnéticos | 9.794 |
| Passes espirituais | 109.464 |
| Vibrações a distância | 76.031 |
| Consultas especiais | 29.986 |
| Soma dos atendimentos | 341.835 |

Em 1962, reajustou-se o Colégio de Médiuns.

Em 1963, com as necessidades sempre em acelerado crescimento, enquanto os outros trabalhos se estabilizavam, os do Grupo Pasteur sofreram amplos desdobramentos e aperfeiçoamentos funcionais, criando-se os atendimentos diurnos em separado para homens e para mulheres e também os *Em Domicílio*, para atender aos inúmeros pedidos que diariamente eram recebidos, os quais, após serem classificados e reduzidos aos casos especiais, devidamente comprovados, passaram a cargo e responsabilidade da Escola de Aprendizes do Evangelho, com estágio experimental no próprio Departamento de Curas.

Em 1965, procedeu-se a um reajuste geral, visando ao aperfeiçoamento de todos os trabalhos, a sequência dos atendimentos e a fidelidade na aplicação dos processos estabelecidos; transferiu-se o Colégio de Médiuns para o Departamento de Consultas e Encaminhamentos, e criou-se o Trabalho de Atendimento Privativo a Diretores da Casa e intercâmbio com o Plano Espiritual Superior, até então a cargo do referido Colégio.

Em 1967, ao deixarmos o cargo de Secretário-Geral, por moléstia e velhice, e com a organização funcionando em plenitude de rendimento, os resultados foram os seguintes:

| | |
|---|---|
| Perturbações de 1º grau – Trabalho 1 | 34.564 |
| Perturbações de 2º grau – Trabalho 2 | 37.507 |
| Trabalho 3 – choque anímico | 74.775 |
| Passes em geral | 167.227 |
| Consultas especiais | 6.064 |
| Vibrações a distância | 189.842 |
| *Especializações Pasteur* | |
| P1 – material | 8.536 |
| P2 – espiritual | 20.386 |
| P3A – material com doutrinação | 526 |
| P3A – desdobrado de 4ª feira | 401 |
| P3A – desdobrado de 6ª feira | 264 |
| P3B – espiritual | 237 |
| P3C – duplo | 857 |
| P3D – diurno | 447 |
| P3E – duplo – diurno | 604 |
| P3E – desdobrado | 757 |
| P4 – crianças | 7.472 |
| Em domicílio | 665 |
| Soma dos atendimentos | 551.131 |
| | |
| Média mensal de | 45.930 |
| Média diária de | 1.531 |

## CONSIDERAÇÕES

Todos esses trabalhos foram projetados em entendimento com o Plano Espiritual Diretor da Casa, a cuja frente se encontra, desde os primeiros dias, o venerável mentor Bezerra de Menezes.

Neste setor de curas, tal como no mediúnico, quase nada existia desde a Codificação, em caráter didático, na forma de métodos ou sistemas práticos e uniformes, conquanto existissem os princípios e as bases fundamentais doutrinárias pelas quais se regiam as sessões mistas a que já nos referimos, próprias para reuniões familiares e pequenos agrupamentos, mesmo quando públicos.

Para uma organização atualizada e evoluída, como a Federação, foi necessário estudar os problemas à medida que surgiam, com seus diferentes aspectos: formular processos de atendimento para assistências vultosas, e tratamentos especiais para as diferentes perturbações; testar resultados, após a necessária praticagem experimental; enfeixar tudo isso em palestras, artigos, monografias, compêndios, constituindo um sistema, cujas partes foram sendo publicadas nas devidas oportunidades; e formar dirigentes que, a seu turno, exercitassem os trabalhadores na praticagem; e, somente após isso, oficializar cada processo ou tratamento, separadamente.

Esse trabalho de organização, como é natural, durou anos, mas pôde ser levado a cabo com a cooperação devotada de inúmeros servidores, altamente dotados de mentalidade sacrificial, que lhes foi marca de aproveitamento no estágio que fizeram na Escola de Aprendizes do Evangelho; com esse precioso concurso resolveram-se as dificuldades, podendo-se oferecer à FEESP recursos amplos para o atendimento de quaisquer espécies de problemas da prática doutrinária nesse setor, sem temor a críticas, mesmo as do terreno científico.

Por outro lado, tudo foi feito tendo em vista tornar a Federação uma Casa Espírita pioneira na utilização de conhecimentos atualizados, e cujos trabalhos servissem de modelo (na sua qualidade de entidade federativa) a outras Casas Espíritas do Estado de São Paulo como, aliás, neste e noutros setores, de há muito já se vem verificando.

Para esses atendimentos, como também é natural, foram exigidos grupos numerosos de servidores selecionados, bons doadores de fluidos magnéticos e de ectoplasma, e médiuns de várias categorias, devidamente preparados; mas essas necessidades foram também removidas com a cooperação conjunta da Escola de Aprendizes, da Escola de Médiuns, dos cursos intensivos de Passes e, ultimamente, com as turmas sucessivas de Triagem mediúnica.

Pela sua importância no setor da cooperação, acrescentamos o seguinte: os cursos de Triagem têm caráter intensivo sendo, portanto, de curta duração e, quando bem dirigidos, possuem apreciáveis condições de aproveitamento mediúnico.

Destinam-se:

1) a repassar e atualizar conhecimentos de médiuns, da casa e de fora que, por quaisquer motivos, não tenham frequentado cursos ou escolas especializadas;
2) preparar seus alunos para atuarem com um mínimo de eficiência na Federação ou fora dela.

Criados para preencher lacuna, como solução de emergência; para ajudar a fazer frente às necessidades do atendimento público no setor de curas; e para aproveitamento e encaminhamento de médiuns incompletos, viciados por práticas exóticas ou desorientados, que permanecem hoje como órgãos de utilização constante, com programas próprios, sendo muito utilizáveis em agrupamentos menores e Centros Espíritas que não tenham possibilidade de manter cursos ou escolas de amplo nível.

As condições excepcionais no desenvolvimento da Federação no setor de curas espirituais (como em outros) levaram às naturais descentralizações periódicas dos trabalhos, conquanto restringidas pela angústia de espaço e pela inadequabilidade do prédio da sede; por outro lado, os constantes desdobramentos e intercalamentos foram necessários para assegurar-se a estabilidade e a eficiência do sistema empregado.

Apesar de tudo, os processos aplicados representam hoje para a Federação segurança funcional por tempo indeterminado, porque lhe permitem atender quase todos os casos e modalidades de perturbações espirituais ou de fundo espiritual, podendo, ainda, lançar mão de novos desdobramentos, devido à flexibilidade do sistema.

Nesse longo período de tempo, a Federação se firmou em todos os sentidos, projetando-se como casa-mater, casa padrão, dentro das linhas que lhe foram traçadas em 1940 pelo Plano Espiritual Superior e, conquanto compreendamos e respeitemos o natural impulso de renovação da parte de confrades, da mesma forma devotados e capazes, que venham em seguida, julgamos de nosso dever aconselhar que não seja negligenciado ou reduzido em suas atividades este setor de curas espirituais, mas, muito ao contrário, constantemente ampliado nas bases anteriores e aperfeiçoado, não só porque as necessidades do povo humilde se avolumam dia a dia como, também, porque o Espiritismo evangélico cristão, como o dissemos no início deste resumido histórico, é setor de reconhecida proeminência.

São Paulo, 8 de maio de 1968.

*O Autor*

# 2

# Quadro Discriminativo dos Trabalhos de Curas Espirituais no Período 1940-1967

## I
## MISTO CLÁSSICO

Noturno
Público

| | |
|---|---|
| Duração: | 90 minutos |
| Nº de assistentes: | indeterminado |
| Nº de atendimentos: | indeterminado |

Características

- Leitura e interpretação
- Palestras doutrinárias
- Doutrinação de Espíritos sofredores
- Desenvolvimento mediúnico
- Passes
- Comunicações

## II
## PERTURBAÇÕES LIGEIRAS

*Trabalho 1 – Perturbações Ligeiras – 1º grau*

Noturno
Público

| | |
|---|---|
| Duração: | 90 minutos |
| Nº de doentes: | indeterminado |
| Nº de atendimentos: | 1 por semana |

Características

- Palestras doutrinárias

• Atendimento espiritual coletivo
• Comunicações de Espíritos

*Trabalho 2 – Perturbações acentuadas – 2º grau*

Noturno
Privativo

| | |
|---|---|
| Duração: | 90 minutos |
| Nº de doentes: | indeterminado |
| Nº de atendimentos: | 1 por semana |

Características

• Palestras doutrinário-evangélicas
• Atendimento espiritual coletivo
• Comunicações de Espíritos instrutores

*Trabalho 3 – Choque Anímico*

Noturno

| | |
|---|---|
| Privativo: | individual |
| Duração: | restrita |
| Nº de atendimentos: | 4 a 6 |

Características

• Substituição (em termos) da doutrinação clássica
• Palestras doutrinário-evangélicas
• Atendimento espiritual com suporte magnético
• Ação direta sobre Espíritos perturbadores

*Trabalho 4 – Perturbações duplas*

Diurno
Público

| | |
|---|---|
| Duração: | 90 minutos |
| Nº de assistentes: | indeterminado |
| Nº de atendimentos: | indeterminado |

Características

• Palestras doutrinário-evangélicas
• Atendimento espiritual coletivo
• Comunicações de Espíritos instrutores

## III
## ESPECIALIZAÇÕES PASTEUR

*Pasteur 1 – Perturbações materiais avançadas*

Noturno
Privativo: individual
Duração: restrita
Nº de doentes: indeterminado
Nº de atendimentos: 4 a 6
Características
- Palestras preparatórias em sala à parte
- Aplicação direta com corrente magnética
- Grupos de trabalho, mínimo de 4 médiuns

*Pasteur 2 – Perturbações espirituais avançadas*

Noturno
Privativo: individual
Duração: restrita
Nº de doentes: indeterminado
Nº de atendimentos: 4 a 6
Características
- Palestras preparatórias em sala à parte
- Aplicação direta com corrente magnética
- Grupo de trabalho, mínimo de 4 médiuns
- Alto nível de atendimento

## IV
## PASTEUR 3A – PERTURBAÇÕES MATERIAIS E ESPIRITUAIS

Noturno
Privativo: individual
Duração: indeterminada
Nº de doentes: limitado

Nº de atendimentos: 4 a 6

Características

- Palestras preparatórias em sala à parte
- Aplicação direta sobre as matrizes do perispírito
- Corrente magnética com médiuns bem dotados como doadores
- Grupo mínimo de 4 médiuns e 1 dirigente
- Doutrinação de Espíritos

*Pasteur 3B – Perturbações espirituais graves*

Noturno
Privativo: individual
Duração: indeterminada
Nº de doentes: limitado
Nº de atendimentos: 4 a 6

Características

- Com doutrinação de Espíritos
- Ação direta sobre Espíritos perturbadores
- Corrente magnética
- Grupos de no mínimo 4 médiuns e 1 dirigente

*Pasteur 3C – Perturbações materiais e espirituais*

Noturno
Privativo: individual
Duração: indeterminada
Nº de doentes: limitado
Nº de atendimentos: 4 a 6

Características

- Com doutrinação de Espíritos
- Ação direta da corrente sobre perturbadores
- Palestras preparatórias em sala à parte
- Grupo mínimo de 4 médiuns e 1 dirigente

*Pasteur 3D – Perturbações espirituais*

Diurno
Privativo: individual
Duração: indeterminada

Nº de doentes: limitado
Nº de atendimentos: 4 a 6

Características

• Com doutrinação de Espíritos
• Ação direta da corrente sobre perturbadores
• Palestras preparatórias em sala à parte
• Grupo mínimo de 4 médiuns e 1 dirigente

*Pasteur 3E – Perturbações duplas*

Diurno
Privativo: individual
Duração: indeterminada
Nº de doentes: limitado
Nº de atendimentos: 4 a 6

Características

• Para mulheres
• Com doutrinação de Espíritos
• Ação direta da corrente sobre perturbadores ou sobre as matrizes do perispírito segundo o caso
• Grupo mínimo de 4 médiuns e 1 dirigente

*Pasteur 4 – Para crianças*

Diurno
Privativo: individual
Duração: limitada
Nº de doentes: indeterminado
Nº de atendimentos: indeterminado

Características

• Médiuns especializados neste setor, com preferência mulheres
• Palestras prévias com assistência aos pais
• Atendimentos visando a doentes e ambientes domésticos
• Execução a cargo do Departamento de Infância e Juventude
• Programas próprios

## V
## DESDOBRAMENTOS

*Pasteur 3A – Desdobrado de 4ª feira – Perturbação material*

O mesmo que o Pasteur 3A

*Pasteur 3A – Desdobrado de 6ª feira – Perturbações materiais*

Noturno
Privativo: individual
Duração: indeterminada
Nº de doentes: limitado
Nº de atendimentos: 4 a 6
Características
- Ação direta sobre as matrizes do perispírito
- Exames locais prévios para atendimento
- Atendimento separado do grupo de trabalho
- Médiuns altamente dotados para fluidos e ectoplasma
- Operações espirituais mediúnicas

*Pasteur 3E – Desdobrado de 4ª feira – Diurno*

O mesmo que o Pasteur 3E

### Vibrações a distância

Perturbações em geral

Noturno
Coletivo
Duração: 90 minutos
Nº de doentes: indeterminado
Nº de atendimentos: indeterminado
Características
- Fonte geradora de energias curativas
- À disposição do Plano Espiritual

• Doentes ou agrupamentos registrados previamente
• Aceitação de pedidos no ato do trabalho
• Operadores selecionados

***Observações***

A maior parte desses trabalhos de cura pode ser realizada de dia ou à noite conforme a conveniência das Casas Espíritas.

Os bons resultados dependem da formação de bons médiuns e de bons dirigentes.

Esses trabalhos devem ser filiados ao setor do Espiritismo científico.

Maiores detalhes de organização e execução serão encontrados nos livros: *Passes e Radiações, Trabalhos Práticos de Espiritismo e Curas Espirituais*[3] , do mesmo autor, Editora Aliança.

[3] *Curas Espirituais* e *Trabalhos Práticos de Espiritismo* estão inclusos nesta coletânea. (Nota da Editora)

# *Curas Espirituais*

MÉTODOS ESPÍRITAS DE CURA

Inclui as obras:
*Curas Espirituais*
*Ação Direta nas Matrizes do Perispírito*
*Prática*

# 1

# Histórico

Ao tratar de curas espirituais, não nos referimos às perturbações que se beneficiam dos processos utilizados pela neurologia ou pela psiquiatria, mas sim do setor doutrinário mais direta e profundamente ligado ao caráter de Consolador que o Espiritismo possui e que, nos dias que correm, avulta de significação. Dois fatores relevantes ainda mais acentuam esse caráter: o número sempre crescente de reencarnações de Espíritos retardados que recebem agora, neste final de ciclo evolutivo, uma nova oportunidade de redenção e, por isso mesmo, crescente incidência de perturbações de toda ordem, espirituais e materiais, que torturam sobretudo as camadas mais pobres da população, cujos recursos não lhes permitem assistência adequada.

Tais fatos acarretam à Federação Espírita do Estado de São Paulo – FEESP a necessidade de uma série de medidas destinadas a oferecer às massas sofredoras do povo o agasalho e o atendimento mais amplos, adequados e eficientes, por meio de seus departamentos de assistência material, médica, odontológica, farmacêutica, espiritual e intelectual, cujas atividades vêm sendo desdobradas, há vários anos, de forma metódica e progressiva, enquanto que, na parte doutrinária propriamente dita, foram estudados, organizados e aplicados inúmeros trabalhos novos que vão desde o simples exame espiritual aos mais complexos e delicados atendimentos.

Ressalvadas as limitações que sempre se interpõem, de negatividades individuais, mas, sobretudo, de exigências carmáticas, pode-se afirmar serem satisfatórios os resultados obtidos.

Esse setor de curas espirituais foi sempre de grande interesse, uma vez que as perturbações sempre existiram.

A Codificação, a seu tempo, nesse setor, referiu-se a médiuns curadores, a curas pela prece, pela água fluidificada, pelos passes, recursos que dependem em grande parte da cooperação de Espíritos desencarnados e a imprensa espírita daquela época, como a propaganda realizada depois, reiteraram essas referências dedicando-se porém, preferentemente, aos debates sobre os aspectos filosóficos e fenomênicos da Doutrina.

Após Allan Kardec – o Codificador – no período em que a Doutrina lutava por radicar-se, sucederam-se intensos estudos, pesquisas, conclusões, demonstrações, realizados com o concurso de respeitáveis cientistas e investigadores de muitas nações, até que, em 1888, os espíritas da Espanha, ardentes e numerosos, liderados por J. Fernandes, discípulo de Kardec e outros, promoveram o I Congresso Espírita, em Barcelona, ao qual compareceram numerosas representações do estrangeiro, nele tratando-se, em sentido geral, de aspectos morais e sociais da nascente doutrina, ainda longe da desejada estabilidade.

Em 1889, pelas comemorações do 1º centenário da Revolução Francesa, reuniu-se em Paris o II Congresso, agora com caráter eclético, compreendendo espíritas e espiritualistas em geral, a saber: martinistas, rosa-cruzes, swedenborguianos, cabalistas, teosofistas, positivistas, independentes, etc., que visavam debater os seguintes assuntos: 1) a preexistência do Eu, isto é, a imortalidade da alma; 2) o intercâmbio entre vivos e mortos, pela mediunidade; e 3) a reencarnação.

Aderiram a esse conclave 40 mil interessados e assistiram às reuniões cerca de 500 participantes.

O presidente efetivo foi Lermina (não espírita) e, nos debates, destacaram-se Eugene Nús, Papus, Alexandre e Gabriel Delanne, Léon Denis, Leymarie, Guaita, V. Sardou, Solanot e outros vários investigadores, escritores, cientistas e dirigentes espíritas e espiritualistas.

Nesse Congresso tomou corpo e prevaleceu a linha independente do Espiritismo que passou então a desenvolver rumos e atividades próprias, inclusive na adoção do nome proposto pelo insigne Codificador. Seu maior e mais denodado líder foi Léon Denis, representando 29 grupos espíritas de Tours, secundado por Delanne, redator do jornal *L'Espiritisme,* e Leymarie, que já presidira antes o Congresso de Barcelona.

Duas correntes desde logo se evidenciaram: 1) a dos que admitiam com Kardec as reencarnações sucessivas; e 2) a dos que a negavam, a saber: americanos, holandeses, swedenborguianos, independentes e outros.

Foi um conclave importante que fixou regras e rumos para a Doutrina, porém, sobre curas, somente houve ligeiras referências à ação isolada de médiuns curadores.

Em 1898, houve o III Congresso, de Londres, cuja ordem do dia fixava assuntos de caráter geral.

Em 1900, voltou a reunir-se em Paris outro Congresso, o IV, também eclético, voltado quase que exclusivamente à mesma ordem de ideias e finalidades e que somente em um setor – o do magnetismo – tratou de curas magnéticas, porém, sem caráter espírita. Foi presidido por Léon Denis e nele, pela primeira vez, aparece o Brasil, com um relatório de Leopoldo Cirne, presidente da Federação Espírita Brasileira, dando conta da situação da Doutrina em nosso País e cujo berço oficialmente foi a Bahia, com a fundação, ali, em 1865, do Grupo Familiar do Espiritismo, pouco depois mudado para Associação Espírita Brasileira, de caráter científico e que não sobreviveu, igualmente como o jornal *Eco do Além-Túmulo*, fundado na mesma época.

Esse congresso, ainda mais importante que o anterior, contou com a colaboração direta de continuadores de Kardec e representações numerosas de muitas nações; fixou rumos mais claros, definidos e uniformes para a Doutrina, completando as conclusões anteriores, como segue: 1) A existência de Deus; 2) A pluralidade dos mundos habitados; 3) A imortalidade da alma; 4) A reencarnação; 5) O intercâmbio com os desencarnados; 6) A evolução e a fraternidade universal.

Quanto a curas espirituais, salvo memórias apresentadas por Bouvier, Bertrand Lauze e Durville, sobre magnetismo, com a ratificação das duas teorias conhecidas, a saber: a da emissão (fluidos) e a da ondulação (vibrações), nada de novo recomendou.

Suas conclusões finais foram as seguintes: 1) o magnetismo é um agente físico submetido a leis análogas às que regem o calor, a luz e a eletricidade; 2) o magnetismo humano possui realmente as propriedades curativas afirmadas desde muitos séculos pelos magnetizadores, e sua aplicação no tratamento de moléstias não apresenta qualquer perigo; 3) o magnetismo não deve ser confundido com o hipnotismo, do qual difere essencialmente; e 4) o magnetismo profissional deve ser exercido por práticos instruídos, portadores de moral irrepreensível, mas pode também ser praticado vantajosamente por magnetizadores pouco instruídos, bem dotados do ponto de vista magnético e animados do desejo de fazer o bem.

E mais: "Que ao lado dos magnetizadores que aplicam processos clássicos há também magnetizadores místicos, entre os espíritas, médiuns curadores, que **empregam processos rudimentares ou, mesmo, nenhum processo;** o pensamento, a vontade que eles têm de curar, basta para ação que alguns exercem, mesmo a grandes distâncias. Essas práticas poderiam ser denominadas de **magnetismo psíquico** e exigem operadores dotados de força excepcional". E nada mais.

Desde então, segundo parece, ressalvadas as experimentações da nossa época, denominadas parapsicologia e trabalhos isolados, mas sempre meritórios como, por exemplo, os realizados pelo abalizado confrade Dr. Ignácio Ferreira, as curas espíritas têm sido entregues às atividades individuais de médiuns, como se tem observado na Europa, onde, na França, principalmente, os médiuns curadores ostentam placas na porta e adotam processos próprios.

Em nosso país, fora dessa atividade mediúnica individual, das quais o médium Arigó e alguns outros são exemplos edificantes, via de regra, se adotam as recomendações da Codificação: preces, água fluidificada e passes, estes últimos como elementos de alta valia complementar.

Segundo se percebe, o Plano Espiritual ainda não julgou oportuno generalizar as curas, continuando seu ritmo vinculado às leis do Carma e somente de longe em longe, aqui e além, surgem médiuns dotados de possibilidades maiores nesse setor.

É verdade que em toda parte, em nosso país, as curas pelo Espiritismo são constantes e muitas vezes notáveis, porém não ultrapassam os ambientes do trabalho em que se verificam e jamais se sistematizam, predominando sempre, repetimos, as injunções cármicas.

No estrangeiro, onde a prática do Espiritismo é quase desconhecida, e prevalecem sempre os aspectos científicos ou pessoais das manifestações, surgem periodicamente médiuns curadores altamente dotados, que realizam seu trabalho em circunstâncias quase sempre espetaculares.

Hoje em dia[4], a Inglaterra se destaca nesta ordem de manifestações, possuindo curadores verdadeiramente excepcionais, como, por exemplo, Henry Edwards, presidente da Federação Nacional de Curadores Espirituais da Grã-Bretanha, e o casal Paterson que, assim como o primeiro, comparecem a auditórios abertos onde realizam no momento, sem maiores preparações, curas notáveis, dessas tidas como milagres.

Dotados de alta capacidade magnética e, naturalmente, reencarnados com tarefas mediúnicas nesse setor, são excelentes intermediários e executores dos programas do Plano Espiritual superior para as regiões onde realizam suas atividades.

[4] O livro foi escrito em 1967. (Nota da Editora)

É de supor que, com o passar dos dias e o agravamento espiritual da situação do mundo, seja o setor de curas diretas mais movimentado não só porque as necessidades humanas e sua miséria se ampliam cada vez mais, como porque o materialismo cada dia que passa se torna mais agressivo.

Na visita que realizou ultimamente à França, Paterson declarou como condição essencial para a realização de curas o amor e a compaixão para com os que sofrem, generosidade e humildade para todos os que desejam se curar e esclarecendo: **não devem os curadores limitar nunca o poder espiritual dentro de suas próprias mentes**, querendo dizer que o médium de cura não deve se recusar ao trabalho, selecionar sofredores, dar preferências e agir com personalismo, que, como se vê, já é regra mediúnica rigorosamente obedecida em nosso país, no apostolado evangélico dos nossos devotados médiuns.

Nessa mesma visita, Paterson declarou que nas Ilhas Britânicas os curadores têm entrada livre e podem exercer suas atividades em mais de 2.500 hospitais existentes no país o que, aliás, não admira, porque a liberalidade inglesa é conhecida e não se trata de país ainda sensível ao fanatismo religioso dogmático como o nosso e outros da América Latina.

Que nos conste, cabe à FEESP, igualmente como na organização de cursos e escolas para desenvolvimento mediúnico, evangelização e aculturamento doutrinário em geral, a primazia de estudos especializados e de aplicação metódica de processos de cura espiritual, numa esquemática progressiva, segundo a natureza dos diferentes casos e a introdução de métodos próprios que se adaptam aos diferentes aspectos individuais.

Não se afirma que o conseguido seja perfeito ou completo (e o que poderá haver com esse caráter?), sendo natural que haja futuras modificações, aperfeiçoamentos e desdobramentos; mas o que existe já oferece resultados satisfatórios, resiste a análises e, mais que tudo, vale como uma primeira e modesta tentativa de regulamentação de assunto de tal natureza e magnitude. Esse conjunto de práticas, a nosso ver, poderá servir de base a novas e mais profundas experimentações, perfeitamente enquadráveis no Espiritismo que, como se sabe, é doutrina francamente evolucionista e progressiva, que incorpora o que vai com o tempo surgindo de verdadeiro e útil, tanto no conhecimento teórico como na prática.

Este campo de curas espirituais não deve, pois, ser assunto polêmico ou de controvérsia, pelo menos por enquanto, mas de estudo e experimentação: 1º) porque os Espíritos desencarnados utilizam-se dos médiuns curadores segundo as conveniências e **os programas** do Plano Espiritual; e 2º) porque, não havendo a Codificação ou os Congressos básicos já citados legislado a respeito ou estabelecido **métodos ou sistemas**, respeitada, como é natural, a legislação de cada País, cabe certa liberdade de ação aos estudiosos e médiuns curadores em geral, que é, aliás, o que vem sucedendo.

Dentro dessa liberdade natural é lícito, portanto, estudar, experimentar e aplicar processos, que se justificam não só pelos seus resultados como e principalmente pelos benefícios que conferem à multidão, cada vez mais numerosa de doentes, perturbados, desvalidos, aflitos e infelizes de toda espécie que procuram as Casas Espíritas.

# 2

# Aspectos Gerais

As curas espirituais incluem não só as doenças propriamente ditas "espirituais" como, também, as que tendo, de início, uma origem espiritual, evoluíram a ponto de atingir o corpo orgânico; são, pois, doenças orgânicas **de fundo espiritual.**

Os processos espirituais utilizados nessas curas não visam, portanto, a moléstias orgânicas comuns, de origem, evolução e tratamento material, que competem à medicina acadêmica.

Na Antiguidade, estes dois campos estavam fundidos num só, no sincretismo religião-ciência do sacerdócio oficializado; porém, com os avanços da Ciência, desligaram-se; hoje coexistem e são, mesmo, complementares, a ciência acadêmica já admitindo o setor espiritual, e é quase certo que, em futuro próximo, voltarão estes dois setores a se fundir num só, com as limitações naturais e não mais por causa da ignorância geral, como antigamente, mas pela evolução do conhecimento.

Na medicina oficial, em que dominam os processos científicos, é incontestável o progresso conseguido na cirurgia como na terapêutica de drogas, havendo ainda, entretanto, retardamento considerável na aplicação de agentes naturais de cura, a saber: o frio, o calor, a eletricidade, os atos mecânicos, os fluidos magnéticos, os raios cósmicos, etc., porém, é de crer que agora, com as conquistas e a utilização da energia nuclear, grandes avanços serão logo realizados.

Nesse campo, entre outros agentes, convém destacar como exemplo os raios laser, emitidos por cristais de rubi, cujas moléculas, convenientemente excitadas, produzem mudanças de órbitas dos elétrons dos diferentes metais, os quais, ao voltarem às suas órbitas próprias, emitem raios roxos, da gama ultravioleta, denominados **laser**, animados de alta potência vibratória. Esses raios estão sendo utilizados na eletrônica para a transmissão de sinais e da palavra humana, diretamente, a grandes distâncias. Os técnicos espirituais que realizam trabalhos de cura, dos quais participamos como meros cooperadores encarnados, empregam inúmeros raios de diferentes cores e potencialidades vibratórias, antecipando a generalização de um conhecimento de alto benefício para a humanidade encarnada.

Nas curas, quando o problema a tratar ultrapassa os limites materiais, forçosamente cai no campo espiritual, verificando-se então que as possibilidades de êxito científico se restringem enormemente, porque outros elementos entram em conta, não constantes dos catálogos oficiais; os fatores das curas, nestes casos, passam a ser exclusivamente espirituais e aplicados por Espíritos desencarnados; mesmo nos casos de curas pela fé, em que o psiquismo individual, por efeito de trauma, hiperestesia, ou galvanização por uma ideia, desejo ou sentimento, produz no organismo doente uma transformação fisiológica, tida como milagrosa, mesmo assim o fenômeno ocorre no campo espiritual, no perispírito, e os efeitos são, em seguida, projetados no corpo material orgânico.

Nesse campo espiritual situam-se também as curas magnéticas comuns, feitas ou não por profissionais e os efeitos hipnóticos; ambos se operam no perispírito e somente em um **segundo momento** manifestam-se no corpo orgânico.

Outro ponto a considerar: as curas materiais oficiais se padronizam com base nos avanços científicos e se atêm a conceitos de formulação intelectual, fundados na razão e na inteligência, quando aplicados à pesquisa e à experimentação; o mesmo, porém, não ocorre com as curas espirituais, que se regulam por princípios, regras, leis do mundo espiritual como, por exemplo, as de **causa e efeito** – "Carma": resgates, provações redentoras, compromissos encarnativos, etc.; por outro lado, enquanto as curas materiais se operam e produzem seus efeitos sem a menor preocupação, como é natural, de vínculos e ações passadas que geram efeitos futuros, concernentes à alma, esses fatores estão sempre presentes, preponderam na realização das curas espirituais e influem grandemente para o êxito ou fracasso dos tratamentos.

E ainda mais: se os processos científicos se padronizam formando escolas, métodos, sistemas que a experiência oficializa, o mesmo não sucede com as curas espirituais, cujos processos variam segundo os praticantes, as religiões, os costumes, a civilização e as leis de cada povo ou nação, muito embora os princípios ocultos que os regem sejam únicos e invariáveis na sua essência; e isso ocorre justamente pelo fato de esses princípios serem ainda, em grande parte, desconhecidos.

As curas espirituais ocorrem em três campos distintos que devem ser, desde o início, considerados, a saber:

a) o dos fluidos pesados, de baixo teor vibratório;

b) o dos fluidos finos, de uso mais corrente;

c) o dos fluidos purificados, de alto **teor dinâmico** e **potencial.**

## CAMPO DOS FLUIDOS PESADOS

Nos mundos inferiores, naturalmente que este campo é o mais amplo e movimentado, como sucede em nosso orbe habitado, em maioria, por seres ainda retardados espiritualmente e que, por isso mesmo, enfrentam nestes tempos uma alternativa sombria de selecionamento, para descarte e saneamento planetário.

O ser humano retardado possui um metabolismo espiritual de baixa condição: perispírito denso, escurecido por condensados fluídicos altamente negativos; atividade mental restrita e rudimentar, com grande margem para a produção inconsciente e instintiva; corpo etéreo espesso, com predominância de gamas de coloração animal inferior (cinza, vermelho-escuro, etc.); chacras quase sem refulgência, com atividade reduzida no coronário e no cardíaco, que são ligações diretas com o Plano Espiritual Superior.

Cada organismo vivo produz e revela o que lhe é próprio e característico; é bem de ver, portanto, que nas condições já citadas, só pode produzir e revelar fluidos inferiores, vibrações baixas, elementos nada favoráveis a si mesmos e aos seus semelhantes.

As emissões desses organismos são concordantes com suas condições íntimas e, quando transferidas a outros, por afinidade espontânea ou deliberada, produzirão efeitos também correspondentes, a saber: pesados, violentos, angustiosos, opressivos, constringentes, e suas vibrações íntimas, da mesma forma, serão de baixo teor e qualidade. Essa é a regra.

No campo das curas, entretanto, inúmeras são as que se processam com esses fluidos pesados, malsãos, porque os afins se atraem e se completam e também porque, no mundo espiritual, tudo é equilibrado e regulado por leis sábias e justas, que estabelecem o regime dessas afinidades, boas ou más, como fatores de equilíbrio. Entre seres de condição inferior, as permutas recíprocas e normais, como é natural, são de fluidos e vibrações inferiores, conquanto os resultados delas concorram também à manutenção da vida e da harmonia funcional nas esferas onde esses seres inferiores vivem. Repetimos: nas esferas inferiores as permutas de elementos de cura, visando a regularização funcional de seus corpos orgânicos são, naturalmente, de condição inferior, as únicas, aliás, que poderiam ser ali utilizadas.

Esta é a razão pela qual, nos trabalhos de ordem inferior, terreiros em geral, núcleos primitivos de candomblé, vudu, macumbas, etc., ocorrem curas que não poderiam ser obtidas normalmente em ambientes outros, mais elevados, onde imperam outras condições de vida e outra mentalidade.

Nesses meios inferiores, onde o conhecimento das leis espirituais é muito restrito, são normais os forçamentos, as interferências indevidas, a violentação delas (nos pontos acessíveis a esses agentes), criando, como é natural, efeitos fictícios, enganosos, passageiros, como ocorre também com a mediunidade, cujo desenvolvimento é comumente forçado e, por isso, muitas vezes ilusório.

As moléstias são, nos mundos baixos como o nosso, um dos recursos mais poderosos para se obter as modificações psíquicas necessárias ao progresso espiritual dos seres vivos. Neste nosso mundo, raríssimos escapam a esta lei. Quando o sino toca, chamando para o testemunho, nada há que impeça o seu cumprimento. Aliás, basta olhar para ver: o sofrimento impera por toda parte e se há alguns, como os há, que gozam de saúde, com organismos cheios de vida, eufóricos de sua força, é que para estes o sino ainda não tocou, mas tocará no devido tempo, quando então a situação voltará a ser sempre a mesma para todos.

## CAMPO DOS FLUIDOS FINOS

Emitidos por entidades de maior evolução, já libertadas das reencarnações nos planos baixos, esses agentes revelam maior atividade mental consciente e início da superconsciente; perispírito em colorações positivas (amarelo, rosa, azul, verde).

As emissões desses agentes são benéficas: fluidos calmantes, confortantes, curadores; vibrações poderosas, dinâmicas, vitalizadoras, com ação ampliada em várias esferas e plena liberdade de penetração nas esferas inferiores, porque os fluidos finos penetram facilmente nos ambientes baixos, produzindo alterações benéficas nos corpos orgânicos, conquanto atuem rigorosamente dentro das limitações cármicas.

A maior parte das curas que se dão em nossos meios são desse campo e muito concorrem para a divulgação das verdades evangélicas nas massas populares; são as que o Espiritismo promove na sua qualidade de Consolador prometido por Jesus.

Ante o desfile sempre crescente de seres sofredores e, em contato com suas dores e desabafos, fácil é verificar que todos aspiram à alegria, saúde, paz, conforto, sucesso, dinheiro, sem compreender que tudo quanto lhes sucede, de diferente do que desejam, não é infelicidade, desgraça, mas, ao contrário, benefício e libertação espiritual, porque quase sempre é ressarcimento de dívidas do pretérito culposo. Como disse um inspirado mentor: “Deus neste mundo não oferece aos homens felicidade, mas sacrifícios, sofrimentos. Veja-se o que sucedeu com o próprio Divino Mestre”.

Se este mundo não é local próprio da felicidade, alegria e conforto que todos almejam; se aqui nós estamos, não para tais gozos, mas justamente para o oposto, isto é, para sofrer, purgar-se, desbastar, lapidar a alma, como ainda manter ilusões? Como o planeta poderá dar benefícios que não lhe competem, nem tampouco, por outro lado, merecemos receber?

A falta de conhecimentos espirituais é que leva o homem a estas falaciosas esperanças.

## CAMPO DOS FLUIDOS PURIFICADOS

Esses fluidos são próprios de Espíritos superiores e de ocorrência muito mais restrita; somente em circunstâncias especiais, para testemunhação de verdades, ou motivos outros, de inteiro critério dos agentes de hierarquia maior, é que ocorrem e por isso mesmo se colorem de aspectos sobrenaturais, ganhando repercussão e notoriedade.

Esses fluidos não encontram resistência na matéria densa e produzem nela as alterações anatômicas ou fisiológicas que forem necessárias, ainda mesmo havendo impedimentos cármicos que, em alguns casos, mesmo não arredando ou infringindo a lei, podem ser efetivados.

Jesus operou curas dessa espécie, e outros missionários que habitaram a Terra em diferentes épocas também o fizeram. Elas independem de intermediários humanos, porque as entidades superiores têm, em si mesmas, poderes suficientes e ampla liberdade para agir como for mais conveniente.

O Espiritismo, para atendimento do povo sofredor, age aplicando processos que lhe são próprios, por meio de médiuns dotados de faculdades curadoras: capacidade espontânea de doação de fluidos magnéticos e de ectoplasma; teor vibratório suficientemente alto para produzir efeitos benéficos nos organismos doentes.

Nessas curas, os médiuns agem individualmente (quando amplamente capazes) e em grupos, formando correntes cujos membros, mesmo não sendo propriamente médiuns de efeitos físicos, podem oferecer aos Espíritos que agem no Plano Espiritual os elementos de que carecem para as realizações que têm em vista.

O conceito normal para a realização de fenômenos físicos sempre tem sido a presença de médiuns de efeitos físicos, que são os que fornecem os elementos para sua produção, e isto é plenamente certo. Mas no espiritismo religioso, em que a produção de fenômenos não é assunto de maior interesse, a utilização dos médiuns dessa espécie é de grande valor nas curas, nas quais se incluem as operações mediúnicas.

Como os médiuns dessa espécie rareiam, e o atendimento dos necessitados não pode sofrer interrupção, há vários anos vimos tentando substituir o médium de efeitos físicos, no seu trabalho individual, pelas correntes de cura; em vez de um amplo fornecimento de ectoplasma feito por um só médium, opomos a soma de pequenos fornecimentos feitos por vários médiuns.

Os trabalhos denominados "Pasteur", criados para isso na FEESP, são uma aplicação do processo e os resultados têm sido bons, conquanto devam ainda sofrer aperfeiçoamentos.

Nas curas, é indispensável que os membros da corrente tenham noção clara e segura do processo, mediante o qual devam cooperar doando fluidos, ectoplasma ou vibrações, em presença ou a distância.

Devem saber que há uma energia universal que tudo interpenetra: o ar que respiramos, os alimentos que ingerimos, os líquidos que bebemos e que, quando essa energia é absorvida normalmente pelos chacras e outros setores do organismo, o indivíduo permanece forte, vitalizado.

Essa energia, nos organismos vivos, se transforma no magnetismo animal, fluido que circula através das células dos tecidos, tanto no organismo denso como no perispiritual; é a energia que mantém ativas as redes nervosa e sanguínea, conserva acesa a chama dinâmica dos chacras e que, quando se torna insuficiente, eles se mostram esvaziados, bruxuleantes, não suprem os plexos nervosos, disso advindo enfraquecimento geral, moléstias e morte. Essa energia toma também a forma de ectoplasma quando fica mais condensada e animada de uma vitalidade mais intrínseca, vinda das células nervosas.

Nas curas, essa energia é que deve ser transmitida aos doentes ao mesmo tempo em que, do Plano Espiritual, os servidores desencarnados também operam com os elementos que lhes estão ao dispor, convindo também considerar que o desejo de ajudar, de servir, de atenuar o sofrimento alheio, o sentimento de amor ao próximo, também representam alto teor energético que influi, aumentando os resultados do tratamento.

Os médiuns das correntes de cura, além de conhecedores dos processos a empregar em cada caso, devem ser tecnicamente capazes, senhores de suas possibilidades e aptos a emitir vibrações de amor e de bondade para os doentes que devem atender.

A transmissão de fluidos curadores e vibrações depende muito da preparação da corrente e da capacidade mental do médium, pois que a mente é que canaliza os recursos mediúnicos para o alvo, isto é, projeta sobre ele as energias curadoras. Quando o médium age passivamente, ignora os meios para tornar sua cooperação proveitosa, os operadores desencarnados se veem na contingência de extrair dele as energias necessárias, combiná-las e conduzi-las, eles mesmos, até o necessitado, que é, aliás, o que ocorre na maioria dos casos.

Assim, pois, a educação da mente, as explicações prévias do dirigente sobre a natureza do trabalho a realizar, o que cada médium deve fazer, e o desejo de servir são condições indispensáveis ao bom êxito dos tratamentos espirituais, seja qual for o caso a resolver.

Os processos, entretanto, variam segundo se trate de perturbação orgânica ou espiritual, como já dissemos, as primeiras simplesmente de caráter material e as últimas já incidentes sobre o organismo, porém, de fundo espiritual, a saber: ação direta de Espíritos encarnados ou desencarnados, ou absorções deletérias por afinidades psíquicas ou vibratórias.

Nas primeiras, os fluidos da corrente agem eliminando do perispírito do doente, os **motivos** das perturbações para depois, como consequência automática, sanear-se o corpo orgânico; nas perturbações nitidamente espirituais, além desse efeito no perispírito do doente a ação da corrente visa aos **agentes das perturbações** (sofredores, obsessores, vampiros, etc.), seja utilizando o processo clássico das doutrinações, nem sempre aplicáveis, seja pelos processos novos e especializados que temos aqui aconselhado, a saber: vibrações diretas sobre os obsessores, envolvimento com fluidos de amor e de bondade, seguido de poucas palavras de esclarecimento, sem as longas tiradas doutrinárias que, no mais das vezes, não surtem os efeitos desejados, por falta de adequabilidade ou de capacidade do doutrinador para penetrar no verdadeiro motivo, nas causas verdadeiras da perturbação.

Entretanto, seja qual for a situação particular, verificando-se que se trata de perturbação cármica (orgânicas ou espirituais, não importa), nenhum tratamento dará resultado definitivo, porque a lei deve ser cumprida rigorosamente, a não ser que haja interferência de autoridade espiritual competente, responsável por solução diferente.

# 3

# *Tratamentos*

## PRELIMINARES

A medicina oficial limita suas atividades ao **campo físico, objetivo** e **material**, e materialistas são os fundamentos científicos de suas concepções.

A psicologia experimental, da mesma forma, não foge a esta condição, pois age visando aos fenômenos neurocerebrais, próprios do mesmo campo; e a ponta de lança mais avançada da pesquisa – a moderna parapsicologia – ainda aí se contém nos seus três setores: o parapsíquico, o parafísico e o parabiológico, com base no fator PSI, tido como fenômeno puramente mental e a mente como um simples dinamismo cerebral.

Mas os estudos e tratamentos que aqui sugerimos se referem ao **campo da vida espiritual** do ser humano não admitido pela ciência positiva e vibratoriamente situado **além do campo físico**. Conquanto, no fundo, os dois campos – material e espiritual – se integrem na mesma unidade dinâmica (e as últimas conquistas científicas provam isso), todavia, considerando-se sua origem, constituição e finalidades, o corpo espiritual supera, antecede e independe do corpo físico.

Por isso são também diferentes e independentes as condições e aspectos dos respectivos metabolismos, como ainda os agentes determinantes dos fenômenos que lhes são próprios e, pelas mesmas razões, diferentes as concepções, regras e métodos empregados para o entendimento, a interpretação e as interferências nos fenômenos que se passam nos dois campos.

Até há pouco mais de uma década, obra alguma existia, método ou sistema, para a realização prática de tratamentos espirituais; tudo era feito segundo arbítrio individual de uns e de outros, encarnados ou desencarnados, variando, portanto, de muitas maneiras. Somente a partir de 1950, por necessidade oriunda da crescente afluência de necessitados, organizamos na FEESP, trabalhos apropriados, propondo métodos e processos adequados que, após longa e custosa experimentação e comprovação de resultados, publicamos em obras especializadas como: *Passes e Radiações, Trabalhos Práticos de Espiritismo, Desenvolvimento Mediúnico Prático* e outras[5].

A partir de então, a prática nos tem demonstrado serem sempre fiéis esses resultados, desde que aplicados judiciosamente, convindo, porém, fazer desde logo, as seguintes advertências:

1) Quando se trata de perturbações de **fundo espiritual** como sejam: autoinfluenciações por absorção de fluidos afins negativos, de pessoas e de ambientes; influenciações ligeiras (1º grau) por **encostos** de Espíritos estranhos ou familiares; influências mais intensas (2º grau), como **obsessões comuns**, inclusive as de **fundo mediúnico; obsessões avançadas**, com fixações mentais, depressões, dominações, vampirismos, ou, ainda, **influenciações deliberadas** por ação de agentes das trevas, por vinganças, cobrança de dívidas cármicas e outros motivos; então, o índice de recuperações individuais é amplo e bastante alta a porcentagem de êxitos no tratamento.

2) Em se tratando, porém, de doenças materiais orgânicas, espontâneas ou provocadas por agentes espirituais, os resultados são muito relativos, ou mesmo precários, porque as moléstias e perturbações, mormente sendo crônicas ou graves, são sempre destinadas à purificação de Espíritos em prova, advertências e chamamentos ou, ainda, medidas drásticas de contenção ou despertamento, para Espíritos retardados ou recalcitrantes.

3) As influências cármicas, para resgates, são sempre impedimentos sérios aos tratamentos em geral, feitos ou não por processos espirituais; e nestes casos os resultados se reduzem a simples atenuações de sofrimento, por períodos mais ou menos prolongados, mais que tudo significando conforto moral, consolação, estímulos e convites à evangelização própria.

4) O conhecimento da vida espiritual, o esforço de evangelização com a reforma íntima e a decisão do interessado de tomar caminhos retos e justos, influem, grandemente nos resultados.

5) Neste volume tratamos de curas realizadas nas matrizes do perispírito e que somente depois se reproduzem no corpo denso.

Para essas curas não dependemos de médiuns especiais de **efeitos físicos**, isto é, médiuns que trouxeram essa mediunidade como tarefa para a propaganda doutrinária por meio da produção dos fenômenos característicos do Espiritismo.

[5] Os três livros citados pelo autor são publicados pela Editora Aliança, o segundo consta deste volume e o último está em catálogo com o título *Desenvolvimento Mediúnico*. (Nota da Editora)

Nessas curas perispirituais, desde que a quantidade de ectoplasma necessária seja obtida pelos médiuns comuns, formadores da corrente, os Espíritos operadores, da mesma forma, poderão agir no seu plano, produzindo as alterações necessárias ao restabelecimento do equilíbrio orgânico dos doentes.

## CLASSIFICAÇÃO

Feitas estas advertências e para facilitar esta exposição, dividimos os tratamentos em duas espécies:

I – Tratamentos comuns – diretos (próprios do campo místico).

II – Especializações, com correntes magnéticas (próprias do campo científico).

## I - TRATAMENTOS COMUNS

### *DIRETOS*

São os realizados diretamente pelos **agentes espirituais**, com ou sem intermediários humanos. Podem ser feitos indistintamente em reuniões de centros e agrupamentos espíritas, particulares ou domésticos, sem maiores dificuldades, obedecendo mais ou menos o seguinte esquema:

1º) Preparação de ambiente, com leitura adequada e outros meios.
2º) Prece de abertura.
3º) Preleção ligeira sobre temas doutrinários e evangélicos.
4º) Concentração especial para recebimento do tratamento.
5º) Palavra do Instrutor Espiritual.
6º) Prece de encerramento.

Nessas sessões, à hora da concentração especial, os agentes espirituais projetam sobre os assistentes fluidos magnéticos e outras energias curadoras, cada um recebendo segundo suas necessidades, já previamente determinadas.

São poucas as exigências para assegurar o bom êxito do trabalho, bastando recomendar aos frequentadores o seguinte: a) no dia programado comer moderadamente, evitar bebidas alcoólicas, fugir a discussões, mesmo amistosas, a rixas e altercações, explosões de raiva, ciúmes e quaisquer outros sentimentos inferiores, que baixem a tonalidade vibratória individual, tanto nos locais de trabalho como nos lares; b) comparecer em atitude respeitosa e sincera, com a disposição de se esclarecer espiritualmente, melhorar seus sentimentos e cooperar para o bem dos seus semelhantes.

**Observações:**

1) Sempre que possível, e antes do início da sessão, é aconselhável a aplicação de **passes de limpeza** a assistentes e cooperadores, para que não penetrem no recinto carregados de maus fluidos ou acompanhados de Espíritos perturbadores.

2) Quando a assistência for numerosa e tal providência não possa ser dada por qualquer circunstância, inclusive falta de médiuns, logo no início da preparação do ambiente o dirigente deve fazer um **passe coletivo**[6], prosseguindo em seguida com os demais procedimentos atrás enumerados.

3) Como visamos unicamente a tratamentos espirituais, não nos referimos aqui às sessões mistas, tão comuns, em que se fazem muitas coisas ao mesmo tempo, como por exemplo: leitura, preces, passes, doutrinação de sofredores, preleções, desenvolvimento mediúnico, etc. e que não obedecem a regras ou sistemas determinados, variando amplamente, segundo os pontos de vista, hábitos e conhecimentos dos dirigentes encarnados ou desencarnados.

## II - ESPECIALIZAÇÕES

### *COM CORRENTES MAGNÉTICAS*

Para Casas Espíritas de maior movimento, que desejam organizar os trabalhos com mais segurança e proveito, recomendamos o seguinte sistema:

1) Exame espiritual, sistemático e prévio, de todos os interessados; para esse exame, selecionar um grupo de médiuns (videntes e de incorporação) preparados com antecedência; antes da sessão e em dias especialmente marcados, receber os interessados, preencher para cada um deles uma papeleta, na qual se anotam os dados individuais de maior interesse, sobretudo, os referentes a moléstias, perturbações espirituais e tratamentos anteriores;

[6] Ver capítulo 21 de *Passes e Radiações*, Editora Aliança.

levá-los um a um perante o grupo de médiuns, já devidamente reunidos, onde serão examinados pelos Agentes Espirituais e os resultados transmitidos pelos médiuns ao dirigente, que os anotará na papeleta, determinando qual o trabalho doutrinário ou o tratamento que o interessado deverá frequentar.

2) Durante esse exame, nenhuma palavra é necessária, pergunta ou declaração, recebendo o interessado, fora do recinto do exame, um cartão especial para ingresso no trabalho aconselhado.

3) Esse exame espiritual e o tratamento indicado não devem ser motivo de interrupção de tratamento médico a que o interessado porventura esteja submetido ou deseje prosseguir.

4) O exame, em forma mais ampla, poderá também, nas Casas Espíritas, concorrer à distribuição dos frequentadores nos diversos trabalhos doutrinários, além destes a que estamos nos referindo.

## *PROGRESSÃO*

Os trabalhos devem obedecer à seguinte progressão segundo a natureza dos casos:

*A – Perturbações materiais – Fundo espiritual*

a) **Ligeiras:** trabalhos comuns; atendimento direto pelo plano espiritual.

b) **Graves:** especializações, com correntes magnéticas.

*B – Perturbações espirituais*

a) **Ligeiras:** trabalhos comuns; atendimento direto pelo plano espiritual.

b)**Avançadas:** especializações, com correntes magnéticas.

## *CONVENÇÕES*

Para as especializações, sobretudo, devem ser adotadas convenções que facilitem a movimentação das atividades. Para exemplificar, vamos supor as convenções seguintes: TC para trabalhos comuns; G1 – G2 – G3 e G4[7], significando a natureza do tratamento a fazer. Assim, G1 quer dizer "tratamento de perturbações materiais"[8], não eliminadas com os tratamentos anteriores; G2 idem, idem, tratamentos espirituais; G3 idem, idem, materiais ou espirituais avançados, exigindo, respectivamente, intervenções mediúnicas ou doutrinação de Espíritos e outras providências mais de fundo; esta última convenção, G3, pode ser desdobrada, a seu turno, em G3-A,

7 Atualmente P1, P2, P3 e P4. (Nota da Editora)

8 Fundo Espiritual.

G3-B ou G3-C, etc., para atender a outras modalidades ou circunstâncias como, por exemplo: para homens, para mulheres, diurno, noturno, etc.

## ESQUEMA

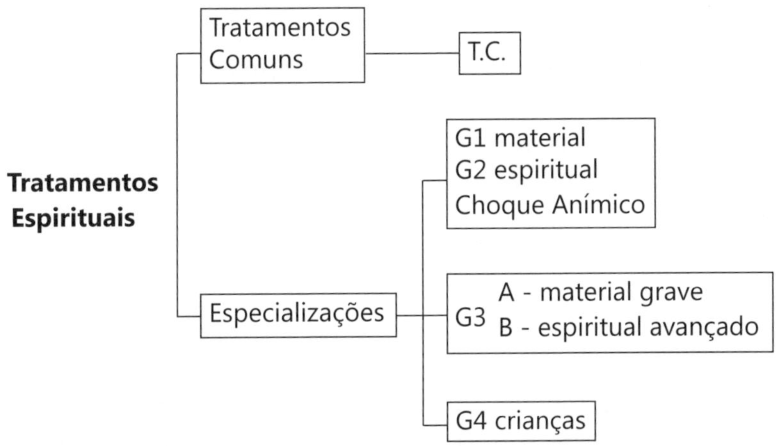


### *CORRENTES*

1) Em todas estas especializações os tratamentos são feitos com base em correntes magnéticas, que se organizam com um mínimo de 4 médiuns, previamente selecionados e cuja capacidade de **doação de fluidos e ectoplasma** tenha sido previamente determinada, por processo direto experimental ou, no mínimo, por consulta aos mentores espirituais. Para formar a corrente os médiuns dão-se as mãos e o interessado é colocado no centro, sendo o tratamento realizado segundo o resultado e as recomendações do exame espiritual a que nos referimos. Os médiuns vertem na corrente os **fluidos próprios** e as energias curadoras que lhes sejam solicitadas no ato pelos dirigentes.

2) Quando há número suficiente de médiuns ou quando há mais de um grupo deles, o dirigente fica de fora e dirige a todos e, em caso contrário, toma parte na formação da corrente. O interessado recebe os fluidos da corrente e mais os fluidos e energias oriundos do plano espiritual, projetados pelos seus agentes, que são, aliás, os verdadeiros executores do trabalho.

3) A mente dos operadores influi grandemente na eficácia do tratamento, seja vibrando diretamente, ou aumentando ou diminuindo o fluxo e a circulação dos elementos da corrente ou, ainda, nela introduzindo os elementos ocasionais solicitados pelos dirigentes como: fluidos calmantes,

estimulantes, revitalizadores do metabolismo perispiritual, renovadores celulares, etc.

4) Nas intervenções mediúnicas o ectoplasma é sempre o elemento essencial e os médiuns devem ser treinados para fornecê-lo em quantidade suficiente.

5) Para todos esses atendimentos os passes são poderosos elementos auxiliares e devem ser aplicados, no início do tratamento como **limpeza** e depois como **complementação** no período de **consolidação** do tratamento.

6) Como regra, os atendimentos devem ser feitos no mínimo uma vez por semana, e os passes em dias alternados, nos intervalos.

Prosseguindo, vamos agora descrever os trabalhos segundo as convenções adotadas.

### *G1 - MATERIAL*[9]

Colocar o interessado no centro da corrente: fazer passes de limpeza.

Um dos médiuns faz sobre ele uma aplicação magnética em três tempos, como segue:

**1º tempo** – Mão esquerda sobre a cabeça e mão direita descendo pela coluna vertebral até a base.

**2º tempo** – A mão direita sobe para o bulbo (nuca) e a esquerda desce pela frente até o plexo solar (estômago).

**3º tempo** – A mão direita volta a descer até o sacro, enquanto a esquerda desce para o baixo ventre.

Um minuto para cada tempo.

Estas três posições conseguem bloquear os sistemas nervosos central e vegetativo, exercendo ação segura sobre todo o organismo perispiritual, permitindo ao mesmo tempo que o interessado receba amplamente, além dos fluidos da corrente de base, outras energias (fluidos e vibrações) diretamente do plano espiritual.

### *G2 - ESPIRITUAL*

Corrente de base com o interessado colocado no centro. Passe de limpeza. As mesmas aplicações magnéticas em três tempos e vibrações diretas

[9] Fundo espiritual.

dos médiuns **para os Espíritos perturbadores**. No primeiro caso (G1), os agentes espirituais agem sobre o **perispírito do interessado**, enquanto que neste último (G2), ambas as equipes agem **sobre os perturbadores** diretamente: esta é a diferença.

### *CHOQUE ANÍMICO*[10]

Para os casos em que o tratamento anterior, de G2, não tenha dado os resultados esperados, porque se tornava também necessário agir mais diretamente sobre a **mente do obsessor**, aconselhamos este trabalho de "**choque**", que consiste em formar uma corrente de 4 a 5 médiuns, um deles servindo de **transmissor**, que aplicará sobre a cabeça do interessado, durante a duração do tratamento (um a dois minutos), a mão direita espalmada, enquanto os demais médiuns da corrente projetam fortes e contínuas ondulações vibratórias para o cérebro espiritual do obsessor, visando atingir sua mente.

A vibração deve ser de amor, paz, bondade e intensamente colorida, nas cores que correspondam à natureza do caso[11] para que penetrem profundamente no organismo psíquico do obsessor, ao mesmo tempo que os fluidos transmitidos pela corrente o saturam de sensações semelhantes, produzindo alterações benéficas e predispondo-o a modificar seus sentimentos, pensamentos e atos.

Com esta aplicação quase sempre se consegue, quando não o desligamento propriamente dito, pelo menos a atenuação das influências perniciosas porventura já radicadas no organismo do necessitado.

Este processo, além do mais, oferece um poderoso elemento de substituição para a doutrinação de sofredores em geral, quando esta, por qualquer circunstância, não possa ser feita com a necessária eficiência.

### *G3-A – MATERIAL GRAVE E G3-B – ESPIRITUAL AVANÇADO*

Mesma disposição da corrente e da colocação do interessado. Passe de limpeza em rodízio pelos formadores da corrente, um dos quais funcionará como **transmissor**, também em rodízio.

---

[10] *Passes e Radiações*, já citado.

[11] Estudo à parte do setor da Cromoterapia.

Sendo caso material (G3-A), fazer a aplicação magnética dos **três tempos** e depois um dos médiuns, tomando nas suas as mãos do interessado, durante o tempo do tratamento, transmite os fluidos da corrente, enquanto seus vizinhos dos lados mantêm o contato colocando as mãos sobre as costas ou os braços do transmissor. Durante o tratamento, atender às instruções dos operadores do plano espiritual que, pelos médiuns videntes ou de incorporação, intervêm segundo as necessidades do momento, inclusive exigindo da corrente os elementos ocasionais já citados.

Nos casos espirituais (G3B, C, etc.) proceder da mesma forma, e havendo necessidade de doutrinação direta, esta será feita pelo dirigente encarnado, mas de forma concisa, utilizando amplamente o recurso das vibrações e projeções de fluidos coloridos sobre os Espíritos perturbadores.

Terminado o trabalho, como complementação, fazer ao interessado uma doação de energias revitalizadoras por meio do mesmo transmissor da corrente.

O G3-A – material – é o mesmo grupo a ser utilizado nos casos especiais mais graves, para as intervenções mediúnicas mais demoradas, com os interessados acomodados em poltronas ou leitos, fora da corrente ou em cômodos anexos, dando-se assim tempo suficiente para que os agentes espirituais façam as aplicações ou as intervenções que forem necessárias.

### *REGRAS*

Para esses atendimentos em geral algumas regras devem ser obedecidas, como segue:

1) Somente devem ser mandados às especializações G3-A, G3-B e a outras os casos que não hajam obtido resultados nos trabalhos comuns ou nas especializações G1, G2 ou no Choque, porque os do Grupo 3 são trabalhos que sempre exigem tempo, às vezes demorado, para o atendimento, por causa das doutrinações ou das intervenções, razão também pela qual só poderão atender a limitado número de necessitados.

2) Nas especializações G1, G2 e Choque Anímico, o número de atendimentos suficiente pode ser normalmente oito vezes, e nas do Grupo 3, quatro vezes.

3) Não esquecer que não depende de frequência mais demorada o bom resultado do tratamento, porque esse resultado também depende da cooperação do interessado, de sua capacidade de assimilação do tratamento, do seu desejo de se esclarecer espiritualmente e, ainda, das circunstâncias cármicas a que já nos referimos atrás.

4) Após os comparecimentos prescritos, convém consultar o plano espiritual para **alta** ou prosseguimento, no mesmo ou em qualquer outro trabalho, para remate ou consolidação, salvo os casos de **mediunidade-tarefa**, quando, então, ainda será essencial e imprescindível o desenvolvimento mediúnico em cursos ou escolas apropriadas.

5) Nos exames espirituais, ter em vista que os casos de **mediunidade-tarefa** se denunciam quando se apresentam acesas, luminosas, as glândulas cerebrais (hipófise e epífise); quando se apresentam como simples bruxuleios, isso significa unicamente **fundo mediúnico – sensibilidade mediúnica** quase sempre explorada tendenciosamente pelos agentes do mal ou por Espíritos ignorantes, que querem se utilizar dos veículos mediúnicos **forçando** um desenvolvimento precário. Nesses casos, não devem os interessados se preocupar com desenvolvimento, mas sim com tratamento, justamente porque não há nada a desenvolver, mas apenas a tratar e, se desprezando o aviso, ao tentarem fazê-lo, não terão êxito, como ocorre em milhares de casos de desenvolvimentos ilusórios, dos quais somente restam decepções e aumento de perturbações espirituais.

6) Ter em vista nos exames que quando a área mediúnica cerebral se apresenta obscurecida e nada pode ser observado, deve-se mandar o interessado a tratamento prévio e depois repetir o exame quando, então, afastados os impedimentos e, em havendo realmente **mediunidade-tarefa**, as glândulas a revelarão com sua luminosidade característica.

7) Esses esquemas de especializações, nos centros e agrupamentos, devem ser estudados e adaptados segundo as possibilidades e circunstâncias de local, frequência, cooperação humana, finalidades da instituição, etc., não representando, portanto, um sistema rígido, inalterável, mas sim flexível e passível de modificações quase sempre necessárias.

8) Nas doutrinações, deve-se falar unicamente o indispensável, como já dissemos, evitando as clássicas e monótonas preleções, porque em grande número de casos, não é a eloquência, a argumentação exaustiva ou os floreios de imaginação que resolvem as dificuldades, mas sim o sentimento, a vibração de amor, o desejo de servir, o impulso de fraternidade, manifestados pelos cooperadores; a excessiva argumentação, às vezes, irrita frequentadores e obsessores; por isso, ao mesmo tempo que se doutrina, deve-se projetar sobre os obsessores ou sofredores ondulações fluídicas fraternas e construtivas, de cores suavizantes ou estimuladoras, que penetram fundamente na organização perispiritual, produzindo alterações benéficas e decisivas nos campos da emoção e da compreensão e, somente quando houver recalcitrância bem definida e sistemática, serão

aplicadas pelo plano espiritual as contenções e outras medidas mais enérgicas que, todavia, jamais se podem generalizar.

9) Nos exames espirituais e nos tratamentos, convém ter sempre em vista a existência e a ação dos chacras, sua localização, dimensões, dinamismo, luminosidade, especializações de cada um, normalidade de suas ligações com os plexos nervosos e com o plano espiritual, porque qualquer alteração funcional deles afeta a saúde, o comportamento psíquico e o funcionamento normal do organismo físico. Por exemplo: uma disfunção ou esvaziamento do chacra esplênico resulta sempre em perda de forças, enfraquecimento progressivo, depressão física e psíquica; a do coronário resulta no enfraquecimento ou mesmo no corte da ligação consciente com o plano espiritual e consequente cessação da cobertura espiritual indispensável, sobretudo para os médiuns.

10) Nesses exames, verificar sempre a existência de manchas no perispírito, quistos, agregados fluídicos de qualquer espécie, examinando sua localização, áreas atingidas, aspectos gerais (mais claros, mais escuros; mais leves, mais densos; mais restritos, mais amplos, etc.), como também núcleos e ramificações negativas suspeitas, de fundo maligno, casos estes em que as manchas se apresentam densas, anegradas, rodeadas de tons arroxeados, com enraizamentos em forma de filetes arredondados ou achatados, convindo sempre acompanhar tais sinais para delimitar a área atingida, verificando também se já existem projeções no corpo físico.

11) Nas influenciações que vêm do exterior, acompanhar os filamentos escuros verificando, se possível, as causas, as origens (quase sempre antros de trabalhos inferiores, agrupados ou isolados, encarnados ou não), para se poder neutralizar ou desligar os malefícios.

12) Nesses trabalhos, sobretudo nestes últimos, deve ser mantida a mais estreita e apurada ligação com o plano espiritual, por meio da vidência ou incorporação, utilizando-se ainda amplamente do recurso dos desdobramentos, com médiuns competentes e disciplinados, para se poder agir com eficiência e segurança.

13) O tratamento para crianças depende de organização especial porque elas não devem ser misturadas com adultos, cujas vibrações e fluidos mais pesados lhes seriam nocivos à sensibilidade; seguir mais ou menos o seguinte esquema:

a) exames espirituais e tratamento em separado, tendo em vista que suas perturbações espirituais são, via de regra, reflexos das condições ambientes familiares;

b) tratamento também para os pais com esclarecimentos sobre os cuidados a ter na educação dos filhos e na formação de seu caráter, face aos ensinamentos evangélicos;

c) ter por norma os métodos estudados e recomendados pela Federação por meio do seu Departamento de Infância e de Juventude, que representam o que há de mais avançado e conveniente nesse setor delicado de encaminhamento doutrinário da infância e da juventude.

### *DEMONSTRAÇÃO*

A título meramente exemplificativo vamos fazer funcionar um trabalho de tratamento em um Centro Espírita que adotou o sistema aqui sugerido. Para isso vamos atender alguns frequentadores, examinando caso por caso. É óbvio que tanto a natureza dos casos como os nomes são todos supostos.

**Antonio Maria** – Queixa-se de perturbações indefinidas, dificuldades domésticas, falta de êxito na profissão. Atendido pelo plantão, recebe um passe de limpeza e um cartão para fazer exame espiritual em dia determinado, o qual constatou **perturbação espiritual ligeira** e nenhum conhecimento de ordem religiosa. Foi encaminhado a um dos trabalhos comuns (T.C.). Tomando passes e ouvindo preleções doutrinárias e evangélica, ficaria suficientemente atendido.

**João da Silva** – Queixa-se de irritação nervosa, insônia, mal-estar, tonteiras repentinas. O exame espiritual revelou manchas escuras nos plexos solar e sacro, não havendo influenciação a distância. Foi também encaminhado às sessões comuns, nas quais receberia a assistência direta do plano espiritual.

Não havendo melhorado e as perturbações tendo aumentado, em novo exame foi transferido para a especialização G2 – espiritual – durante oito semanas, com passes espirituais duas vezes por semana. Aí reequilibrou-se.

**Ana de Barros** – Fortemente perturbada, tendo o exame revelado influenciação direta, desequilíbrio nervoso, focos escuros na região do bulbo, coluna e aparelho genético. Frequentara terreiro e não obtivera resultados nos trabalhos comuns anteriores nem tampouco no G2, que já frequentara 4 vezes. Na progressão adotada, foi mandada para o G3-B (espiritual) para tratamento, com doutrinação de Espíritos e passes espirituais três vezes por semana. Melhorou e teve alta, mas, recaindo na perturbação, veio a novo exame, tendo-se constatado a existência de **mediunidade-tarefa**. Foi então encaminhada a cursos de desenvolvimento e evangelização (reforma íntima). No primeiro atendimento, a mediunidade não pôde ser observada porque fluidos escuros muito densos cobriam as glândulas cerebrais da mediunidade. Com o novo tratamento, limpou-se a área e a verificação pôde ser feita.

**Artur Braga** – Precárias condições físicas e morais. Trazia diagnóstico médico de úlcera duodenal e distúrbios consequentes. O exame espiritual revelou forte incidência de fluidos escuros na coluna, na região cardíaca e no ventre; frequentara antes trabalhos inferiores e também os trabalhos comuns da Casa, bem como o G1 (material) sem resultados definitivos. Foi encaminhado ao G3-C (espiritual) com doutrinação de Espíritos e recomendação para prosseguir no tratamento médico material. Foi depois para um estágio no G3-A (material) e, por fim, a úlcera ficou reduzida a um simples espessamento da mucosa, que não impedia o ganha-pão material. Como os exames acusaram sempre FM (fundo mediúnico), isto é, sensibilidade mediúnica ou **mediunidade potencial, sem tarefa encarnativa**, a evolução do tratamento era satisfatória e o doente teve alta porque era um caso cármico.

**José Faria** – O diagnóstico médico acusava uma disfunção renal com obstrução do rim direito, pela existência de uma pedra. O exame espiritual local revelou a pedra na parte alta do ureter e depósitos arenosos no rim e na bexiga. Sem tratamento espiritual anterior. O exame geral revelou manchas escuras no bulbo e na coluna até a região lombar, daí infletindo para os rins, o direito com **filamentos escuros para o exterior**. Acompanhando estes, localizou-se a origem da influenciação em um grupo de terreiro ligado a trabalhos inferiores. Devido à urgência, foi encaminhado ao G3-B (espiritual) para doutrinação e desligamento de influências, com passes três vezes por semana, e ao mesmo tempo ao G3-A (material) para dilatação dos condutos obstruídos e dissolução dos depósitos, que foram sendo aos poucos (três trabalhos seguidos) eliminados nas matrizes espirituais, recomendando-se ao interessado, desde o princípio, que não se afastasse do tratamento médico material.

**Nota** – Os dirigentes desses trabalhos devem ser pessoas competentes e discretas; a capacidade, a prática, os conhecimentos que possuírem exercerão real influência no êxito dos tratamentos e facilitarão grandemente o trabalho dos operadores do plano espiritual.

**Vamos demonstrar isto:** seja o mesmo caso da disfunção renal citada no tratamento anterior. Feita a limpeza fluídica da área afetada, o dirigente procura confirmação do diagnóstico, e a vidência o confirma notando a existência de depósitos no bacinete e na bexiga. Pede então à corrente fluidos quentes e vermelhos para dilatar a área de junção do ureter no bacinete e em seguida para o mesmo resultado no ureter, em todo o seu curso até a bexiga, determinando de início que os fluidos da corrente sejam concentrados no plexo solar, à disposição dos operadores espirituais encarregados do atendimento. No primeiro movimento os fluidos são projetados para o interior do rim, visando agitar, movimentar os resíduos ali existentes, fluidificando-os, e no segundo, pelo ureter abaixo, até serem despejados na bexiga urinária.

É óbvio dizer que este trabalho da corrente é controlado e secundado pelo plano espiritual, que entra também com seu poderoso contingente de elementos apropriados, visando aos mesmos resultados.

Finda essa fase, o dirigente pede à corrente fluidos suaves, verdes sedativos, para toda a área trabalhada. (Nessas atividades, como já dissemos, a mente dos médiuns tem destacado papel, regulando o fluxo da corrente ou criando os elementos solicitados que derramam na corrente pelas mãos).

Feito isso, o dirigente aguarda o término da operação no plano espiritual e encerra o trabalho promovendo, em seguida, a **reposição de energias** gastas pelos médiuns para que estes não se ressintam, enfraquecendo-se.

❁

***Mutatis mutandis*** este o processo de tratamento ou de intervenções mediúnicas para todos os casos avançados anteriormente enumerados e isentos de impedimentos cármicos. Os quais não impedem os tratamentos, mas como já dissemos, reduzem grandemente os resultados.

**Nota** – Em se tratando de moléstia orgânica, material (sem fundo espiritual) e, em sentido inverso ao que já foi explicado, desde o momento em que ela se instala no corpo físico, passa a refletir-se no perispírito, nos órgãos correspondentes, aí também se radicando. Nesses casos, o tratamento espiritual, da mesma forma, e pelas mesmas razões, quando aplicado, oferece resultados satisfatórios podendo, ainda, transformar-se em recurso auxiliar do tratamento médico oficial.

## CONSIDERAÇÕES FINAIS

Em todo o exposto neste livro é importante considerar que tanto os tratamentos espirituais como os seus efeitos são executados e obtidos sem ação direta, objetiva, deliberada, sobre o corpo físico porque, neste processo aqui sugerido, as intervenções, como já afirmamos, com apoio nos suportes magnéticos de base estabelecidos pelos médiuns em nosso plano, são realizadas pelos operadores espirituais, diretamente nas matrizes do perispírito, das quais os órgãos físicos são duplicatas ou, melhor, projeções densas e de onde os resultados são, em seguida, transferidos para o corpo físico, em tempo mais ou menos demorado, segundo as condições de maior ou menor pureza ou sensibilidade psicofísica do interessado.

Conquanto, via de regra, esse fenômeno de projeção se verifique, os tratamentos, no fundo, são sempre de **natureza espiritual**, aplicados por **processos espirituais**, com filiação a princípios doutrinário-religiosos, em nada representando transgressão a leis existentes. A nosso ver, enquadram-se no setor da liberdade de crenças assegurada pela Constituição Nacional; não representam uma atividade profissional, não havendo, portanto, o exercício ilegal de medicina a que o Código Penal se refere, ocorrendo ainda a circunstância relevante de que não há interferência no tratamento médico comum, material, a cujas prescrições, bem ao contrário, recomenda-se aos interessados que continuem a se submeter.

E também julgamos que em nada se desvia da Codificação doutrinária, mesmo sendo uma inovação, porque as inovações são necessárias, como fontes de progresso e, muitas vezes, revelações, por meio das quais as religiões e doutrinas se fizeram. Por isso é que Kardec, o insigne missionário, advertiu para o futuro dizendo que o que viesse depois e fosse julgado acertado deveria ser aceito e incluído no corpo da doutrina.

# 4
# Cromoterapia - Noções

## AS CORES

No campo das curas, o tratamento pelas cores ocupa lugar destacado e é muito utilizado no Plano Espiritual, em suas colônias, sanatórios e postos de socorro.

No campo físico, da matéria ou da energia, nos dois Planos, tudo tem forma, som e cor, e há uma escala vibracional característica de cada agrupamento de elementos afins.

Em nosso plano material, a escala oscila entre o "infravermelho" (ondas vibratórias longas, na superfície do campo atômico) e o "ultravioleta" (ondas curtas, mais profundas, mais junto ao núcleo atômico), gamas de teores vibratórios diferenciados, por segundo. Aplicadas às curas, as primeiras dessas vibrações têm efeito mais à superfície do campo operatório orgânico, com reações mais leves, e as segundas, mais na profundidade dos tecidos, no âmago, mesmo, da estrutura celular produzindo reações mais intrínsecas e intensas.

As cores possuem qualidades específicas e agem produzindo efeitos diferentes: calmantes, repousantes, apaziguadores, refrescantes ou, ao contrário: excitantes, irritantes, comburantes, gerando bem ou mal-estar, beneficiando ou maleficiando o doente, aumentando ou diminuindo emoções e desequilíbrios, provocando alterações fisiológicas ou psíquicas.

A origem da luz para nós é o Sol, cujos raios vibram no éter (fluido primordial) e fazem-na fulgir. A luz gera as cores que resultam do salto dos elétrons no campo atômico característico de cada substância ou elemento.

A luz do Sol contém em si mesma sete cores básicas que se revelam quando incidem sobre um prisma de cristal, ali se decompõem e se refratam sobre uma tela ou parede branca onde se mostram na seguinte ordem, de baixo para cima: vermelho, alaranjado, amarelo, verde, azul, anil e violeta.

O mesmo sucede na água: após as chuvas, os raios do Sol incidem sobre as inumeráveis gotículas que ficam suspensas na atmosfera e se refratam formando no ar o fenômeno luminoso que se chama arco-íris, onde as cores se mostram na mesma disposição já descrita.

A Terra, na sua criação, destacou-se do Sol do qual possui constituição geológica semelhante; por outro lado todos os corpos, quando em estado incandescente, revelam uma emanação áurica que se chama espectro, que rigorosamente os identifica.

As sete cores da luz do Sol formam o espectro solar, que é a emanação global de sua constituição íntima mineral e que no espectro se revelam segundo as cores que lhe são próprias.

A cor só existe quando existe luz incidindo sobre os objetos ou seres, por exemplo: um objeto amarelo é aquele que reflete a cor amarela do espectro solar e absorve as demais; branco, quando reflete todas as cores juntas; preta, quando não reflete nenhuma, porque absorve todas, e assim por diante.

E assim como os raios de Sol de cor neutra (branca) contêm em si mesmos todas as cores fundidas formando seu espectro, sua aura, assim também todos os raios, fluidos e energias do mundo espiritual têm também suas cores, formando espectros que refletem sua constituição íntima. E como cada cor tem características e qualidades exclusivas, são elas aplicadas e utilizadas segundo os efeitos que se tem em vista provocar.

As cores básicas[12] são o vermelho, o azul e o amarelo; as outras são decorrentes. O verde é a combinação do azul com o amarelo; o roxo, do vermelho com o azul; o alaranjado, do vermelho com o amarelo, etc.

Gamas diversas de cada cor:

**Vermelho:** veneza, fogo, escarlate, carmim, grená, bordeaux.

**Azul:** cobalto, celeste, ultramar, cinza, natier, turquesa.

**Amarelo:** limão, laranja, ocre, cromo, canário, ouro, ovo.

**Verde:** primavera, cromo, esmeralda, veronese, cinza, garrafa, folha, samambaia.

**Roxo:** cobalto, magenta, castanho e outras muitas que podem ser encaixadas nesta simples exemplificação.

Cada cor possui uma vibração própria que corresponde a um som próprio: o vermelho (vibração baixa), 395 trilhões por segundo; o verde, 570; o azul, 620; o roxo (violeta), 750, e assim por diante.

Essas cores combinadas entre si apresentam gamas as mais variadas de subcores, que permitem a construção de uma segunda escala, muito mais ampla, que se desdobra para cima e para baixo da cor base. Assim, o azul, subindo para gamas mais delicadas, pode ser azul-claro, azul-celeste, etc. e, descendo para gamas mais baixas, pode ser azul-escuro, foncier, marinho, etc. O verde, subindo, pode ser verde-claro, verde-malva e, descendo, verde-folha, verde-garrafa, verde-escuro, etc.[13]

---

[12] Em *Psiquismo e Cromoterapia*, do mesmo autor, há um capítulo sobre a "Classificação das Cores", atualizando o assunto. (Nota da Editora)

[13] Designações simplesmente populares.

A partir da cor-base, subindo, as gamas apresentam pureza, delicadeza, suavidade, diafaneidade e, descendo, escuridade, agressividade, grosseria produzindo, em ambos os casos, reações correspondentes às suas características próprias, nos organismos sobre os quais incidem. Elas **descem** quando se mesclam com cores negativas: o branco, neutro, mesclando-se com o negro (negativo) desce para as gamas chumbo, cinza-escuro, cinza-claro, cinza-azulado que, com o verde e o azul, formam o grupo das **cores frias**; o vermelho, quente, violento, mesclando-se com o amarelo (mental) **sobe**, formando as gamas do alaranjado; e mesclando-se com o branco, neutro, produz o rosado, cor benévola, simbólica de amor e de vitalidade.

O verde, cor fortemente antisséptica e de grande predominância na Terra, por ser formadora do mundo vegetal, quando se mescla com preto e vermelho, materializa-se, fica negativa, mas ganha forte expressão espiritual quando se funde com o branco ou com as gamas do amarelo.

O azul, cor benéfica, repousante, tranquilizadora, que expressa o infinito dos céus, recebe e absorve os raios solares, dá colorido às massas de água e à atmosfera; no campo espiritual indica misticismo, religiosidade, porém, mesclando-se com os negativos (preto, cinza) ou com o agressivo vermelho, materializa-se indicando paixões, ciúmes, fanatismos.

O amarelo indica atividade mental, é cor nobre, porém, mesclando-se com gamas inferiores, abastarda-se em significações maléficas, conscientes, deliberadas.

Além das cores-bases já citadas há inúmeras outras, no mundo cósmico, raios e ondas não perceptíveis aos nossos sentidos físicos, assim como também outras no plano astral que nos rodeia, que a vidência surpreende e que não descreve por falta de possibilidades, limitando-se a estabelecer comparações quase sempre afastadas da realidade.

Há ainda modificações de cores por desbotamento, que nada mais representa que interferência vibratória de umas sobre outras, desbotando, isto é, desaparecendo aquela de vibração mais inferior.

## EFEITOS DAS CORES NAS CURAS

Nas células orgânicas, as cores agem produzindo alterações fisiológicas; interpenetrando a trama celular os raios coloridos alteram o ritmo funcional intrínseco, em si mesmo e nas suas relações com os elementos vizinhos, dentro do conjunto funcional orgânico. Quando a célula, por qualquer circunstância, perde a sintonia funcional com o conjunto e adoece, a incidência de raios coloridos sobre ela força-a a retomar o ritmo habitual, reconduzindo-a ao teor vibratório que lhe era próprio, quando sã.

Assim como as células, os conjuntos celulares possuem coloração, tonalidade e vibração específicos. No caso de moléstias, esses agrupamentos demonstram logo alterações mais ou menos profundas dessas características, com reflexos imediatos nos agrupamentos vizinhos ou correspondentes.

A aplicação de raios coloridos sobre esses agrupamentos, da mesma forma, obriga-os a retomar a vibração que lhes era própria porque injetam, por assim dizer, na área do agrupamento, um fluxo vibratório contínuo, semelhante àquele próprio das células componentes do agrupamento quando sadias, **forçando o regresso à situação anterior.**

Se isso ocorre na área física, na perispiritual os desajustes e as reações são ainda mais intensos, por se tratar do campo natural e afim da movimentação dos agentes fluídicos.

Realmente, a partir das auras que, como é sabido, ostentam cores variadas, que nada mais são que emanações do próprio organismo físico, formando o corpo chamado etéreo, vemos como os chacras (centros de força) se revelam como turbilhões de energias e raios coloridos, movimentam-se em vários sentidos, recebendo e transmitindo energias, e como os diferentes setores da atividade perispiritual possuem cores diferentes, aspectos diferentes, segundo as finalidades que lhe são próprias.

Sobre a estrutura perispiritual circulam, ao mesmo tempo, vibrações e raios vindos do exterior; produtos mentais e elementos fluídicos e vibratórios oriundos do campo interno, todos interferindo na trama psíquica e projetando-se no corpo físico, alterando momentaneamente seus aspectos, o mesmo ocorrendo com os sentimentos, que são produtos mais viscerais da intimidade do Espírito.

A aplicação das cores para curas materiais é feita com aparelhagem própria (e muito empiricamente) no setor médico da Fisioterapia, porém este nosso estudo visa aos tratamentos espirituais diretamente dirigidos ao perispírito, através do corpo etéreo, que é o elemento de ligação entre os dois corpos.

Sem penetrar mais fundo e somente para exemplificar, diremos que a aplicação da cor depende da natureza da anormalidade e dos fins que se têm em vista, dos efeitos que devamos obter, seja diretamente no corpo material, seja no espiritual, isto é, sanar simplesmente uma perturbação, ou estabelecer harmonia entre agressores e vítimas.

## EXAME DAS AURAS

Nos trabalhos de cura os videntes são chamados a proceder a exames espirituais para determinação de perturbações físicas e psíquicas, o que impõe a necessidade de conhecimentos mais detalhados do perispírito, do qual a aura é uma espécie de espelho.

Convém fixar os seguintes detalhes: além da superfície do corpo físico, pode ser vista uma espécie de névoa leitosa, emanação do mesmo corpo e que se chama **corpo etéreo**, duplo etéreo ou, simplesmente, etéreo ou duplo; mas, sobrepondo-se a este, existe outro elemento, ligado diretamente ao corpo espiritual e que se chama **aura**, ambos com a mesma forma ovoide do corpo físico.

A superfície exterior da aura funciona como se fosse uma película envolvente do conjunto (corpo físico, perispírito, corpo etéreo e aura) e é conhecida por alguns autores, como película áurica.

Os pensamentos vêm do espírito, por meio da mente, para o cérebro físico, enquanto os sentimentos, as emoções, tudo quanto for do campo moral, vêm do perispírito diretamente para a aura; e tudo o que vem do etéreo ou da aura se projeta sobre essa película envolvente, na forma de imagens, como na televisão em cores. Mas os videntes podem também ver diretamente, no perispírito ou no corpo denso, a estrutura orgânica ou funcional, preferentemente utilizando a psicometria.

As auras se compõem: 1º) de um campo estável, fundamental, que indica o caráter da pessoa, seu grau de espiritualidade normal; 2º) de faixas ondulantes que revelam as reações do Espírito às inúmeras circunstâncias ambientais da vida exterior; 3º) de estrias, que são chispas, radiações, que indicam impulsos momentâneos do Espírito, de caráter passageiro, na sua vida de relações.

Todos esses elementos constitutivos da aura possuem as vibrações, formas e cores das ideias, pensamentos, sentimentos, emoções ou impulsos que os geraram, bons ou maus.

Os campos, as faixas e as estrias se atraem ou se repelem segundo as mesmas afinidades vibracionais já referidas; no primeiro caso o aspecto geral é pacífico, harmonioso e exerce boa influência no meio exterior; no segundo, ao contrário, há confusão, tumulto, tanto para a própria pessoa como para aquelas com as quais entra em contato no meio exterior.

As ideias, pensamentos e vibrações de baixo teor produzem nas auras ondulações e estrias sujas, apagadas, escuras, de cores negativas, enquanto que vibrações elevadas produzem efeitos brilhantes e límpidos. Em um campo áurico pacífico, de cor azul-claro, por exemplo, um sentimento súbito de medo lança uma estria escura que rapidamente contamina todo o campo.

O exame das cores fundamentais, ondulações e estrias permite o conhecimento do caráter, dos pensamentos, dos sentimentos, da saúde física, das condições espirituais das pessoas, tendo-se sempre em vista que as auras mudam com os estados de espírito, pensamentos e sentimentos do momento, porém, as cores de fundo somente sofrem alterações momentâneas, voltando logo à situação normal.

É muito delicado o trabalho da vidência no exame das auras, seja ou não para curas, porque as variações ocorridas na área do Espírito alteram a todo instante os aspectos e os valores reais, com a agravante de que tais aspectos são vistos através das auras dos próprios videntes, que também podem alterar grandemente as realidades.

Nas auras, repetimos, refletem-se as condições do Espírito e do corpo orgânico, mostrando a saúde, as doenças, o **tônus** energético e, daquele, o caráter, os pensamentos, os sentimentos, as virtudes e os defeitos morais.

Nas moléstias graves a aura se desvanece na parte espiritual e se reduz muito no etéreo que, então, mal se deixa ver sobre a superfície do corpo orgânico.

No desencarne, a aura segue o perispírito, porque é uma emanação deste, enquanto o etéreo fica ainda algum tempo com o corpo físico, do qual é também uma emanação, enquanto dura a desagregação molecular, no túmulo ou na pira.

Nos exames prévios, por vidência ou psicometria, devem os médiuns anotar os seguintes detalhes, entre outros, sobre as cores:

O vermelho é cor quente, violenta; quando claro e limpo, indica saúde e força, capacidade condutora, realizadora; quando claro com bordos amarelos, indica sentimento de amor ao próximo; escuro, sobre a região dos órgãos, indica sempre moléstia nesses órgãos. No final do esterno, indica sempre afecção nervosa. Tendendo para o escarlate, indica nervosidade e quanto mais brilhante for, mais inquieta e instável é a pessoa. Opaco, com manchas escuras, no local dos órgãos e às vezes laivos arroxeados ou filamentos em determinadas direções, indica afecção maligna.

Índigo ou violeta estável e assíduo na aura indica predisposição para moléstias do aparelho digestivo.

Alaranjado escuro indica enfermidade dos rins e, com estrias cinzentas, indica cálculos renais.

As tonalidades da gama cinza são sempre negativas e quando assíduas, indicam debilidade de caráter e de saúde; sobre um órgão, indica moléstia desse órgão.

Na aura dos médiuns interferem outros elementos como sejam: fluidos, vibrações, radiações captadas espontaneamente ou projetadas por outros, bem como imagens ideoplásticas dos ambientes ou projetadas por instrutores espirituais ou outros, que são facilmente absorvidas pela sensibilidade mediúnica. Por isso, nos trabalhos de desenvolvimento mediúnico é necessário limpar previamente o campo (corpo físico, perispírito e mente) para se obterem resultados fiéis. Os videntes, mormente os já bem sintonizados com o Plano Espiritual, geralmente se perdem na trama das imagens, das cores e dos símbolos, que afluem nas auras das pessoas a examinar, vindas de todos os lados, às vezes em franca confusão. A solução é, como disse, limpar o campo.

Como se vê, neste setor há muito que investigar, mas, é fora de dúvida, que o conhecimento das auras será um dos maiores recursos da medicina do futuro.

A título de orientação pode-se dizer que nas doenças inflamatórias em geral devem ser aplicadas cores suavizantes, sedativas, descongestionantes, como o azul e o verde, enquanto que nas irregularidades atônicas, nas depressões, nas insuficiências funcionais, as cores devem ser estimuladoras, quentes, como o vermelho, o amarelo, o laranja e outras.

Nas obsessões, conhecida sua origem (resgates, vinganças, etc.) e identificada a entidade agressora, a aplicação deve ser de cores opostas, contrárias, para facilitar o desligamento; assim, nas obsessões violentas, os desligamentos se darão mais facilmente com auxílio de cores suaves (azul e rosa) sobre o coração do agente.

O mesmo ocorre com os chacras, que são também pontos de eleição para os ataques de agentes espirituais; o **básico** – região do Sacro – é preferido por obsessores hábeis, que visam desviar as energias primárias alimentadoras do metabolismo perispiritual: vibrações coloridas energéticas, azuis e verdes, restabelecem o equilíbrio. Quando o ataque é sobre o **cardíaco**, é necessário observar as reações desencadeadas na circulação, para calmar ou estimular, segundo o caso. Quando no **coronário**, agir com vibrações azuis e amarelas, cores nobres que elevam o Espírito a regiões superiores, facilitam a comunhão e as ligações com esses planos.

Cada órgão e cada indivíduo, como já dissemos, possui um teor vibratório global, específico, que emite uma onda sonora e um raio colorido de características constantes. Numa **corrente de cura** esses recursos individuais se somam, formando um potencial de grande e inegável poder, porque a vibração da cor é muito mais elevada que a vibração das células; esse potencial, projetado pelos médiuns sobre órgãos e tecidos doentes, no campo perispiritual, produz efeitos positivos, seja obrigando-os a retomar o ritmo normal (quando a moléstia for simplesmente funcional), seja destruindo agentes mórbidos, intrusos, causadores de distúrbios.

Os raios ou as ondas de cura não necessitam ser sempre iguais às cores características dos órgãos doentes; basta que consigam se entrosar, se associar à vibração que, no momento, esses órgãos apresentam, para atingir as células, na sua profundidade; mas devem, entretanto, forçar firmemente, no sentido de conduzi-los à vibração que lhes era própria antes. Saturando a área com essa vibração positiva, domina-se o campo vibratório irregular e impõe-se o regresso à situação anterior.

Assim se restabelece o equilíbrio normal.

❋

As vibrações, conforme sua intensidade e teor, podem provocar anomalias, alterar a estrutura celular orgânica ou, até mesmo, destruí-la; e ainda, em certos casos, modificar a disposição interna dos elementos atômicos, influindo, assim, diretamente, no metabolismo psicofísico. Feixes de raios e ondas compactas de fluidos e vibrações coloridas, convenientemente utilizados e dirigidos, eis os recursos mais convenientes, capazes de operar a volta do organismo perispiritual à sua normalidade anterior.

❋

Como se vê, o que consta deste livro nada mais representa que um conjunto de exemplificações, demonstrações e diretrizes básicas de tratamentos espirituais, visando à criação de um sistema definido, perfeitamente harmonizado à Legislação Nacional referente ao assunto e destinado à orientação dos centros e agrupamentos espíritas de nosso estado e do país.

São Paulo, 21 de abril de 1967.

# Trabalhos Práticos de Espiritismo

## Organização e Funcionamento

# *Enunciados*

Este trabalho está contido nos seguintes enunciados:

1º) O caráter essencialmente dominante do Espiritismo, neste final de período evolutivo, deve ser o religioso.

2º) A base religiosa das práticas espíritas é o Evangelho de Jesus Cristo e a promessa do Paracleto.

3º) Em consequência, sua finalidade principal é a evangelização dos adeptos, seu esclarecimento espiritual e a ação pelo amor universal.

4º) Esse esforço de renovação íntima é imperativo e depende em grande parte da reforma íntima individual.

# *Introdução*

Algumas obras, não muitas, têm sido publicadas contendo regras e instruções sobre a realização de trabalhos práticos de Espiritismo; a imprensa espírita traz, de vez em quando, sugestões a esse respeito; e, de longe em longe, surgem recomendações (nem sempre aceitáveis) de instituições espíritas de projeção, responsáveis, em grande parte, pelos rumos que vem tomando o movimento espírita em nosso país.

Entretanto, e nada obstante, as práticas continuam a ser realizadas por arbítrio, sem uniformidade e critério e segundo o entendimento, tantas vezes medíocre ou tendencioso, de dirigentes improvisados ou de médiuns inexperientes ou perturbados.

Quando se iniciou, na Federação Espírita do Estado de São Paulo – FEESP, com apoio unânime de três outras instituições respeitáveis da capital, que passaram a ser denominadas patrocinadoras, a saber: a Liga Espírita, a Sinagoga Espírita e a União Federativa, o Movimento de Unificação Estadual, que, logo de início, reuniram em torno ao grande ideal a maior parte das instituições idôneas da capital e do interior, tinha-se em vista, como um dos primeiros atos da fase da futura consolidação do movimento, unificação dos trabalhos práticos.

E, mais tarde, quando ainda com a participação ampla e decisiva da mesma FEESP se procedeu, no Rio, à assinatura do convênio de unificação nacional, com a formação de um Conselho Federativo, também essa medida foi uma das maiores aspirações daqueles que, desde o início, lideraram tão urgente e grandioso movimento em vários estados.

Todavia, já vão anos e o problema continua sem solução; somente no correr do ano findo, como resultado da campanha de esclarecimento público sobre práticas de terreiro, em simples defesa, aliás, e preservação da integridade e pureza do movimento espírita, é que o assunto voltou à baila, com uma publicação do referido Conselho, contendo instruções muito ligeiras e pouco aceitáveis, do ponto de vista prático; essas instruções, por isso mesmo, não tiveram boa acolhida, voltando o problema a cair, novamente, no esquecimento.

Pois este livro é uma nova tentativa de uniformização dessas práticas, colaboração singela e despretensiosa que visa chamar novamente a atenção dos responsáveis e do povo espírita em geral, para o relevante problema que nos defronta.

Agora que os ritos estranhos estão se infiltrando em nosso estado de forma alarmante e que, por outro lado, forças religiosas bafejadas de oficialismo acenam hostilidades que se prenunciam insidiosas, a uniformização das práticas doutrinárias se torna, mais do que nunca, imperativa, quando mais não fosse ao menos para mostrar sua própria elevação e filiação evangélica.

Que para lá, pois, possamos caminhar com rapidez, com o auxílio de todos, dada a urgência que existe em se resolver, sem mais delongas ou vacilações, assunto de tal magnitude, eis os votos que aqui deixamos consignados.

São Paulo, março de 1954.
*O Autor*

# 1

# *Finalidades gerais do Espiritismo*

Qualquer obra educativa que vise instruir sobre trabalhos práticos da Doutrina Espírita deve ter por base, em primeiro lugar, a mais perfeita e justa compreensão das finalidades doutrinárias; sem que, rigorosamente, parta de uma primícia clara e segura, nenhum esforço nesse sentido levará a bons resultados, nem mesmo será um trabalho criterioso e lógico.

Doutra parte essas finalidades, por serem várias, devem ser divididas em **principais** e **secundárias**, porque assim se poderá pôr em evidência aquilo que tem mais importância e relegar a segundo plano tudo quanto não seja fundamental, essencial.

Nos três diferentes aspectos que o Espiritismo apresenta, a finalidade principal, sem a menor dúvida, está contida no aspecto religioso; é aquela que remonta, no curso do tempo, ao Paracleto prometido pelo Cristo em sua última encarnação, na Palestina, quando disse que não nos deixaria órfãos; que mais tarde nos enviaria o Espírito de Verdade para ensinar as coisas que ele próprio – o Cristo – não poderia, naquela ocasião, revelar, considerando o atraso evolutivo da humanidade; e, também, quando noutro ponto, disse que conheceríamos a Verdade e que esta nos tornaria livres.

Ora, essa promessa de ensino de futuras verdades está sendo realizada pelo Espiritismo que é, por isso mesmo, considerado o Cristianismo redivivo; o Espiritismo que, de certa forma e, pelo menos nas mentes de hoje, ressuscitou o Jesus verdadeiro, dando nova vida e significação aos seus ensinamentos redentores.

Portanto, se ele é a promessa do Paracleto em pleno curso e se essa promessa se refere, principalmente, ao conhecimento de verdades espirituais redentoras, é evidente que sua finalidade principal é esclarecer e espiritualizar seus adeptos, evangelizando-os, porque este é o único meio de se libertarem das esferas da vida espiritual inferior, da escravidão do pecado e do erro.

Mas, que significa espiritualização, evangelização?

Significará, porventura, cada um viver normalmente sua vida, gozando dos bens da saúde, das comodidades, das honrarias e posições que esta vida lhes proporciona?

Absolutamente não; muito ao contrário, espiritualização é desprendimento do mundo e de seus atrativos e fascinações. Mesmo quando não se o abandone e despreze, pois que nele vivemos e dele necessitamos para as realizações evolutivas, todavia não o devemos considerar como um fim, mas, simplesmente, como um meio de atingirmos pontos mais altos na escalada da verdade espiritual.

Portanto, espiritualização é renúncia, sacrifício, devotamento ao próximo, bondade e humildade; é conquista de virtudes morais e sua exemplificação no ideal de servir, e não o usufruto de bens materiais perecíveis.

Por isso que o Divino Mestre deixou esta advertência profunda: "Buscai em primeiro lugar o Reino de Deus e sua justiça e tudo o mais vos será dado por acréscimo".

Buscar o Reino de Deus é subir na espiritualização de si mesmo, é conquistar as virtudes cristãs que o Divino Mestre exemplificou com a sua própria vida, comprovando com seus atos as verdades que ensinava. Portanto, se o Espiritismo é a atualização dessas verdades, se é o Paracleto prometido e já chegado, sua finalidade não é somente o intercâmbio mediúnico entre vivos e mortos; não é assistência material que se presta caridosamente aos necessitados; não é a cura de moléstias sempre úteis à purificação de corpo e espírito; nem tampouco a fenomenologia ostentada pelas sessões de efeitos físicos, nem a maioria dos atos e práticas realizados diariamente por toda parte nos agrupamentos espíritas, mas, sobretudo, a espiritualização, repetimos, a evangelização dos adeptos; não os conhecimentos do campo intelectual que muitas vezes levam à egolatria, mas os esforços humildes e silenciosos da reforma íntima, que exclusivamente se operam no campo da vida moral.

Por isso é que o insigne Codificador Kardec asseverou, de forma incisiva e inspirada – "que se conhece o verdadeiro espírita pela transformação moral pela qual ele passa"; o **homem velho**, do passado, cheio de vícios, defeitos, paixões e impulsos animalizados, transmutando-se no **homem novo**, moralmente reformado, voltado agora para a vida virtuosa, preocupado com a conduta e as realizações próprias desse campo; o homem do mundo tornado, por esforço próprio, **discípulo do Cristo**, propagador consciente e corajoso dos seus ensinamentos redentores. Sim, porque quem exemplifica, propaga.

Assim, pois, resumindo e repetindo, diremos que a finalidade principal do Espiritismo é a evangelização e o esclarecimento das almas, e que todas as demais modalidades ou aspectos do problema são secundários ou decorrentes.

Qualquer programa, portanto, a se organizar sobre trabalhos práticos deve ter em vista, rigorosamente, esta conclusão.

Dispensável será, ainda em tempo, dizer que como **o Consolador** que também é, o Espiritismo tem imensa tarefa a realizar no campo da caridade evangélica sendo, mesmo, um de seus mais expressivos lemas este de "fora da caridade não há salvação". Este lema é profundamente verdadeiro, porque todo homem evangelizado tem a caridade como um impulso natural e espontâneo do seu coração; entretanto, é também certo e evidente que a prática da caridade não resolve o problema da redenção humana (que tem muitos outros aspectos). Esta é a razão pela qual dissemos que o exercício da caridade material é finalidade secundária, decorrente da finalidade principal da Doutrina Espírita.

## A RENOVAÇÃO PELO EVANGELHO

Por vários caminhos se pode atingir a espiritualização individual; cada corrente de pensamento doutrinário ou iniciático trata do assunto, sugerindo processos invariavelmente complicados, mas dados sempre como infalíveis conquanto sejam, todos eles, na realidade, simplesmente aleatórios; somente a vida, em si mesma, com suas provas e sofrimentos de toda sorte vai, aos poucos, com o perpassar do tempo, desbastando o matagal dos defeitos e das paixões, cortando arestas, burilando a estátua humana até que o Espírito surja, renovado e puro, ante os olhos compassivos e amorosos do Criador Divino.

Porém, do ponto de vista de realizações possíveis, o processo mais viável e seguro de se atingir esse alto escopo é, ainda e sempre, aquele que o Evangelho aponta: **a renovação dos sentimentos** para se obter, como consequência, a purificação de pensamentos e atos; em seguida, a conquista de virtudes morais que faltam a todos os seres humanos nos graus inferiores da evolução; e, por último, a busca do Reino de Deus, pelo uso e pela exemplicação dessas virtudes no campo da vida social.

A renovação de sentimentos é problema árduo e exige, para sua solução, o estabelecimento de regras de conduta, o emprego constante da vontade e o auxílio das entidades espirituais protetoras, que jamais abandonam o caminheiro na sua jornada de sacrifícios e de provas.

Como não pode haver pureza espiritual em corpo poluído, é necessário, antes de mais nada, combater os vícios mais comuns, como sejam, o fumo, o alcoolismo, o jogo, a glutoneria; depois, as paixões mais generalizadas como a sensualidade, a avareza, a brutalidade, etc., como ainda os defeitos morais: orgulho, egoísmo, hipocrisia, maledicência, etc., travando contra eles luta tenaz e porfiada.

Tudo isso retarda a ascensão do Espírito e o mantém acorrentado a si mesmo na sua baixa expressão de animalidade. Se o orgulho promove a separação entre os homens, os vícios os rebaixam, a sensualidade os prende cada vez mais às coisas de ordem material e grosseira; nenhum progresso espiritual é possível enquanto tais defeitos dominarem os homens.

Para se obter a pureza do corpo físico é necessário, antes de mais nada, combater os vícios referidos e eliminar todo e qualquer outro mau costume que se possua, mantendo o corpo em perfeitas condições de higiene, harmonia e força, para o desempenho das funções orgânicas; reduzir a alimentação, que deve ser frugal e simples, porém completa, contendo todos os alimentos básicos que a ciência já classificou.

Iniciada esta luta, seja no grau que for, ou melhor, com a intensidade e energia que for possível, estará o adepto ingressando firmemente no caminho da purificação de corpo e espírito; a partir daí, resta perseverar firmemente, praticando as virtudes que deseja conquistar, amando a Deus e servindo ao próximo, de acordo com um programa de uso pessoal, previamente organizado e, sempre que possível, sob a orientação de instrutores competentes, encarnados ou desencarnados.

Desta forma e com segurança irá ele, aos poucos, alterando seus sentimentos e, em consequência, seus pensamentos e atos. Toda sua vida mudará e novos horizontes se abrirão à sua frente mostrando-lhe um futuro espiritual promissor.

Esse grandioso esforço de autoespiritualização, na realidade, se efetua em três setores de atividade distintos e complementares, a saber: no interno individual, no ambiente familiar e na sociedade.

Em todos eles o Espírito deve dar testemunho dessa sua renovação moral, como membro que fica sendo dessa grande legião de operários humildes, mas decididos e conscientes que, sob as ordens do Cristo planetário, trabalham devotadamente pela redenção do mundo.

Não é, pois, tão fácil e isento de responsabilidades e sacrifícios ostentar o título de espírita verdadeiro...

# 2

# A Divisão dos Trabalhos

Considerando-se o que já foi dito podemos, agora, estabelecer a seguinte divisão para os trabalhos práticos, tendo em vista suas próprias finalidades:

1) Trabalhos destinados a realizar a finalidade principal.

2) Trabalhos destinados a realizar as finalidades secundárias.

Já sabemos, nesta altura, que os trabalhos a que se refere a primeira divisão são os da evangelização, enquanto que os da segunda são todos aqueles que se efetuam, normalmente, nos Centros Espíritas e demais agrupamentos que praticam a Doutrina.

# 3

# Trabalhos Destinados a Realizar a Finalidade Principal

Estes trabalhos comportam duas espécies de sessões, a saber:

1) Sessões de estudos doutrinários, visando ao esclarecimento intelectual.

2) Sessões de evangelização, visando à reforma moral.

Incluímos neste capítulo os estudos doutrinários porque o esclarecimento espiritual faz parte da evangelização. O Evangelho desenvolve o sentimento e, ao mesmo tempo, a mente, com o conhecimento da Verdade. O Paracleto, o Espírito de Verdade, age decisivamente nesse campo intelectual, libertando o homem da ignorância e do erro.

Vejamos agora como organizar o programa dessas sessões.

## 3.1- SESSÕES DE ESTUDOS DOUTRINÁRIOS

Como o Espiritismo oferece à meditação do estudante os três aspectos conhecidos e diferentes de ciência, filosofia e religião, devendo haver predominância deste último, o ensino deve ser organizado de modo a que haja um conhecimento equilibrado, e nenhum desses diferentes aspectos deve ser desprezado.

Nestas sessões de estudos doutrinários trataremos dos dois primeiros aspectos, conforme a divisão feita acima.

O estudo no setor científico deve ser feito com base nos livros da Codificação e nos demais vindos depois, que são complementares dos primeiros e em alguns avançamentos científicos.

Unicamente a título de orientação aconselhamos estudar as seguintes obras: de Kardec – A Gênese; de Gabriel Delane – *O Espiritismo perante a Ciência*; de Flamarion – *A Morte e seus Mistérios*; de Gustave Geley – *Ectoplasmia e Clarividência*; de William Crookes – *Fatos Espíritas*; além de outras obras notáveis firmadas por sábios de renome universal como, por exemplo, Russel Wallace, Arthur Findlay, Oliver Lodge, William Barret, Paul Gibier, Ernesto Bozzano, Cesar Lombroso, Carl Du Prel, etc.

Para o Espiritismo filosófico, recomendamos entre muitas outras as obras de Léon Denis, *O Livro dos Espíritos*, de Kardec (clássico), as obras modernas de Emmanuel e outros.

Essas indicações são dadas somente a título de exemplo, repetimos, podendo os diretores de trabalhos organizar listas próprias e realizar os estudos gradativamente, sem pressa, com o necessário método; indispensável é começar sempre pelas obras da Codificação e dos autores que viveram naquela época, passando em seguida aos que vieram depois e estudando, por último, os autores contemporâneos, mormente os de comprovada idoneidade intelectual como, por exemplo, o já citado Espírito Emmanuel e os notáveis reveladores de coisas novas como André Luiz e outros.

É ocioso dizer que as sessões, seja qual for o aspecto doutrinário considerado, devem ser dirigidas por pessoa competente, apta a explicar aos assistentes os pontos menos claros dos textos ou as dúvidas porventura existentes.

Entretanto, como o nível intelectual da massa espírita ainda é incipiente, porque o Espiritismo, assim como o Cristianismo Primitivo, medra mais fundo na massa do povo pobre e não nas altas camadas da sociedade, não será fácil realizar estudos mais aprofundados e dirigi-los com proficiência.[14]

Isto, todavia, não é motivo para se desprezar este importantíssimo setor doutrinário, como tem sido feito até o presente; e esse desprezo é que é, em grande parte, responsável pelas dificuldades que o Espiritismo tem encontrado em penetrar em todos os setores da sociedade moderna, no que se relaciona com os trabalhos práticos.

Considerando a deficiência cultural dos frequentadores dos Centros Espíritas, proceda-se ao esforço da leitura e dos comentários que sejam possíveis, passando-se a uma despretensiosa troca de ideias e pedindo a colaboração dos instrutores espirituais, que não se negarão a colaborar, desde que haja médiuns moralizados e aptos a recebê-los e ambiente suficientemente harmônico e evangélico.

Para os agrupamentos mais avançados na cultura, na parte filosófico-científica ainda recomendamos a obra de Pietro Ubaldi, intitulada *A Grande Síntese,* e as magistrais obras de Ramatis e Hilarion.

Mas, se os Centros e Agrupamentos Espíritas domiciliares preferirem se valer de programas já organizados, poderão adotar nos seus trabalhos

[14] Atualmente está sendo mudado esse conceito, pelas reportagens de revistas e jornais.

os livros da série denominada *Iniciação Espírita*, editada pela FEESP em 1950, reformulados e atualizados pela Aliança Espírita Evangélica, em 1974, que, desses três aspectos doutrinários, oferece resumos tirados das aulas dadas nas Escolas de Aprendizes do Evangelho, criadas justamente para orientar a evangelização dos espíritas que aspiram por progressos espirituais mais rápidos e definitivos.

## *ESQUEMA*

Feitas estas considerações, apresentamos agora um esquema para a organização e funcionamento das sessões de estudos doutrinários, e que pode ser modificado segundo as conveniências de cada Centro.

***Direção***

Um diretor de trabalhos.

Um auxiliar substituto.

Um médium de incorporação em condições de receber e transmitir a palavra dos instrutores espirituais.

***Funcionamento***

a) Concentração para abertura.
b) Prece proferida pelo diretor dos trabalhos.
c) Vibrações em benefício de necessitados em geral.
d) Leitura e interpretação do texto marcado para o dia.
e) Perguntas e respostas para esclarecimento do texto lido ou qualquer outro assunto formulado no momento.
f) Eventualmente palestra extra de qualquer visitante ou convidado.
g) Palavra do mentor espiritual do trabalho para esclarecimentos complementares ou instruções de interesse geral.
h) Concentração para encerramento.
i) Prece de agradecimento.

***Observações***

Para as vibrações a que se refere o esquema, incluir doentes e necessitados em geral. Para essas vibrações o diretor dos trabalhos fará as adaptações convenientes.

O tempo destinado à sessão não deve ultrapassar 90 minutos.

A sessão pode ser pública ou privativa, porque o Espiritismo é uma religião do povo. O conhecimento da doutrina e a palavra dos Espíritos, pela mediunidade, deve se fazer ouvir por toda a parte, em cumprimento às recomendações do Divino Mestre.

## 3.2 - SESSÕES DE EVANGELIZAÇÃO

Realizada, assim, a parte intelectual com as sessões de estudos doutrinários, devem ser, agora, os frequentadores submetidos a um regime mais rigoroso que o anterior, que os conduzirá às realizações do campo moral e para as quais se organizam as sessões de evangelização.

Estas sessões visam:

**a)** O conhecimento teórico dos Evangelhos, com leitura e interpretação.

**b)** As realizações íntimas de renovação.

Vamos desenvolver estes dois itens.

### *3.2.a) CONHECIMENTO TEÓRICO DOS EVANGELHOS*

Compreende, como já vimos, a leitura e a interpretação de obras de caráter evangélico, que podem ser: de história, de crítica, de exegese, etc., e que formam o setor religioso do Espiritismo.

O estudo deve ser metódico e progressivo, começando pelas obras da Codificação, com base no Novo Testamento e prosseguindo com obras mais modernas.

Recomendamos as seguintes, além do Novo Testamento já referido: *O Evangelho segundo o Espiritismo*, de Kardec; *Elucidações Evangélicas*, de Sayão; obras de Pedro de Camargo, e outras.

No estudo direto dos Evangelhos as interpretações devem ser feitas de forma simples e lógica, sem divagações inúteis, buscando sempre a aproximação com o sentido espiritual do texto lido. As interpretações devem ser sempre feitas tendo em vista, objetivamente, os postulados fundamentais do Espiritismo.

### *3.2.b) REALIZAÇÕES ÍNTIMAS DA RENOVAÇÃO*

Essas realizações comportam: conduta consigo mesmo, conduta no lar e conduta na sociedade em que se vive.

#### *3.2.b.1 – Conduta consigo mesmo*

Referimo-nos aos esforços íntimos em relação aos hábitos, costumes, necessidades e outros aspectos da vida moral do indivíduo, destinados a mudar os seus sentimentos, vencer vícios e defeitos, dominar paixões inferiores e conquistar virtudes espirituais.

Para isso torna-se necessário:

**a) Higiene do corpo físico**

Uso diário de banhos de água, totais ou parciais, de ar e de luz, cada um agindo, é claro, de acordo com seus próprios recursos e possibilidades, inclusive de tempo; vestimentas apropriadas, de acordo com o tempo, o clima e as estações do ano.

**b) Alimentação**

Deve ser racional e sóbria, contendo os princípios alimentares básicos que são: proteínas (alimentos que reparam os músculos), carboidratos e gorduras (alimentos que fornecem energia e calor), sais minerais e vitaminas.

Todos esses elementos são encontrados nos alimentos comuns, sendo todavia necessário saber combiná-los e utilizá-los, sem faltas ou excessos.

Para isso convém consultar instruções apropriadas quase sempre encontradas em livros e publicações que tratam do assunto. O exíguo espaço de que aqui dispomos não nos permite pormenores.

Lentamente e tanto quanto possível (segundo os recursos, profissões e constituição de cada um) diminuir a carne como alimento-base, visto ser desaconselhável do ponto de vista espiritual.

Os princípios alimentares que ela contém, sobretudo proteínas, são encontrados com facilidade em vários outros alimentos do uso comum.

Por outro lado não há necessidade de sacrificar vidas de animais úteis, onde Espíritos, ainda embrionários, realizam sua evolução, para alimentar o nosso corpo, quando podemos fazê-lo com outros alimentos mais convenientes.

Este é um assunto de controvérsia e cada um deve seguir o impulso próprio, porque este corresponde justamente às conveniências do seu estado evolutivo.

**c) Repouso**

Para se poder manter o equilíbrio pessoal é necessário dormir o tempo que for exigido pelo próprio organismo, segundo a idade, a natureza da profissão que se exerce e o temperamento de cada um. Nunca sacrificar esta necessidade fundamental em benefício de certas distrações e atividades dispensáveis, porque são lamentáveis as consequências que a falta de sono acarreta para o sistema nervoso, principalmente daqueles para os quais as necessidades do sono são mais acentuadas.

O normal do período de sono para um adulto é 8 horas. Para os idosos reduz-se muito.

A falta de sono sempre denota moléstia ou perturbação de natureza psíquica, que requerem cuidados especiais, porém nunca o uso de narcóticos que viciam o organismo e produzem irremediáveis depressões.

**d) Distrações**

Também fazem parte da higiene individual no campo do psiquismo.

São derivativos para as pressões exercidas na luta da vida, pelas inquietações, temores, cansaço, tristeza, desânimo, etc., que tão perniciosas influências exercem sobre o Espírito com o agravante, ainda, de abrirem portas a influenciações do plano invisível.

Todavia, não são todas as distrações que servem ao espírita interessado no seu problema de renovação moral. Há distrações benéficas, como há as extremamente perniciosas. Todas as que despertam ou alimentam os instintos inferiores da animalidade, brutalidade, violência, como o box, as lutas livres de arena, as touradas, etc., ou que levam a desgarres da sensualidade, como certas danças lascivas e folguedos, tudo deve ser eliminado do programa de vida do espírita esclarecido e interessado na sua melhoria espiritual.

As diversões aconselháveis e úteis são as de aspecto construtivo e elevado, como passeios ao campo, parques e jardins, excursões, visitas a museus e obra de arte, reuniões culturais, concertos musicais, conferências sobre assuntos instrutivos, enfim, tudo quanto dignifique, esclareça e levante o indivíduo para esferas de vida e de sentimentos mais elevados.

***Observação:***

Cada problema destes deve formar um tema a ser desenvolvido pelo diretor dos trabalhos, nas sessões a que estamos nos referindo, podendo ele acrescentar os pormenores que desejar, desde que tenha em vista o fim principal que é ensinar aos frequentadores do centro, ou do agrupamento familiar, as regras de vida natural e de higiene de corpo e espírito necessárias às transformações que devem se operar no psiquismo.

**e) Os vícios**

Prosseguindo nos esforços que levam à renovação íntima, o diretor de trabalhos, ou quem suas vezes fizer, passará a exigir o combate rigoroso aos vícios individuais, começando pelos mais comuns, que são o fumo, o jogo e o álcool, passando depois, aos entorpecentes como maconha, éter, ópio, morfina e os modernos produtos farmacêuticos que fazem esquecer, desligar a mente. Atualmente, esses vícios estão se alastrando de forma alarmante, envolvendo milhões de pessoas, em sua maioria jovens inexperientes, que a vida social moderna, com seus costumes licenciosos empurra para caminhos de perdição.

Jovens de ambos os sexos, nas reuniões de sociedade, fazem alarde ou exibição dos vícios que possuem, como se tal coisa os engrandecesse. Na sua inconsciência chafurdam na lama e se vangloriam disso.

O fumo produz terríveis males, mormente no aparelho nervoso vegetativo (simpático e vago) dando margem a perturbações tanto mais intensas e profundas quanto mais sensíveis forem as pessoas.

Essas perturbações afetam também, fortemente, o perispírito; produzem uma espécie de entorpecimento psíquico que continua até mesmo após o desencarne, prolongando o período de inconsciência que, na maioria dos casos, ocorre depois da chamada morte física.

E coisas ainda piores sucedem em relação ao vício do álcool, responsável pela degradação moral de milhões de pessoas em todas as partes do mundo, obrigando certos governos, como ultimamente o da França, a proibir a imoderada fabricação de produtos alcoólicos. Julgamos desnecessário qualquer comentário a respeito desse vício e de suas diferentes modalidades, que variam entre a euforia e o coma, visto ser assunto por demais conhecido.

Unicamente transcrevemos uma comunicação mediúnica de psicografia, ocorrida no século passado, na Inglaterra, que é a seguinte:

"Coloquei-me num estado do simpático neutral, de onde podia abranger ambos os mundos.

Um mancebo, com olhos desvairados e as feições descompostas, entrou num desses 'palácios de aguardente', cujos enfeites dourados e imitações de mogno muito envernizadas tendem a incutir ao miserável viandante a ideia de que está gozando o esplendor dos 'reinos deste mundo'.

O rapaz envergava um fato muito coçado e uns sapatos prestes a se desconjuntarem. Tinha a barba por fazer, porque o dinheiro que devia gastar no barbeiro, gastava-o antes, no seu vício terrível de beber, a que não podia resistir.

Estava encostado ao balcão, bebendo avidamente qualquer mistura que só serve para aniquilar a alma. Perto dele, curvado sobre o seu ombro, com a cara repugnante, intumescida, sinistra, encostada à dele, como a aspirar os vapores do álcool que dele emanavam, achava-se um dos mais horríveis seres astrais que jamais encontrei no mundo.

As mãos da criatura (emprego essa palavra pela sua validade) estavam fincadas no corpo do rapaz, um braço comprido e nu envolvia-lhe os ombros, enquanto o outro agarrava-o pela cintura. Estava chupando, literalmente absorvendo a vida, impregnada de álcool, de sua vítima: dava largas ao vício que a morte tinha intensificado; era um parasita vivendo à custa daquele desgraçado.

Estaria essa criatura no inferno? Evidentemente, porque eu penetrava no Espírito dele com o meu olhar e via os seus sofrimentos. Esta entidade estava condenada a ter eternamente um desejo ardente (a palavra eternamente pode-se empregar em relação ao que é sem medida) sem nunca o ver satisfeito.

Possuía ainda um resto de Espírito que o tinha feito homem – um resto suficiente para lhe dar, de vez em quando, um vislumbre do horror do seu próprio estado. Não sentia nenhum desejo de fugir, mas a consciência, só por si, da impossibilidade de fugir, constituía mais um tormento.

E nos olhos daquela coisa reinava um pavor imenso – um pavor do futuro que permanecia envolto em densos véus de mistério, cujo horror ele, em todo o caso, pressentia; um futuro que o arrastaria para um estado de sofrimento intelectual intolerável, mil vezes pior do que o presente, um estado em que as partículas astrais de sua forma física se desligariam inevitavelmente por lhes faltar o poder unificador da alma.

Principiaria então o horror dos horrores, o desmembramento do Espírito e dos nervos astrais, um dilacerar cruciante da forma cujo fim estava próximo, em meio de torturas indescritíveis, pavorosas, irremediáveis."

Esta página dá bem ideia dos sofrimentos, das angústias e da degeneração por que passam os alcoólatras, dos quais os seres maléficos logo se apoderam, escravizando-os para satisfação dos seus próprios vícios. Por isso é que se torna muito difícil a cura das obsessões alcoólicas dominantes.

Essa página não é de uma comunicação espírita, mas sim teosófica, de forma que se torna ainda mais valiosa, porque confirma em todos os pormenores aquilo que o Espiritismo ensina.

Veio pela psicografia de Elsa Barker e consta do seu livro *Cartas do Outro Mundo*, escrito em Londres pouco antes de 1913.

Não importa o que digam uns e outros, inclusive pessoas ditas de ciência, defendendo o fumo e o álcool e alegando não serem tão perniciosos como parecem; os que os defendem são também viciados em maior ou menor grau e, portanto, suspeitos no caso.

Os espíritas, se desejam realmente evoluir e já que isto não se conquista sem pureza de corpo e espírito, devem combater e eliminar de si mesmos esses vícios, para se libertarem deles definitivamente.

Na Escola de Aprendizes do Evangelho, normalmente sobre centenas de aprendizes, após o primeiro ano do aprendizado, 80% já terão abandonado fumo e o álcool (porcentagem tirada dos que eram viciados, compreenda-se) e, após o segundo ano, somente um ou outro não consegue libertar-se.

Não pode haver pureza nem de corpo nem de sentimentos em pessoas que se entregam a vícios repugnantes ou perniciosos, praticando assim um suicídio lento, na mais lamentável negligência moral contra si mesmos.

Por outro lado é preciso não esquecer que a maioria dos viciados é assediada e dominada por Espíritos inferiores desencarnados, mesmo quando não maléficos, mas, da mesma forma, viciados e que, não possuindo mais o corpo físico, atuam sobre eles e, por seu intermédio, se satisfazem. Há milhões de pessoas, no mundo todo, assim escravizadas pelos Espíritos e utilizadas por eles como instrumentos passivos e submissos.

Até mesmo em sessões, erroneamente dadas como de Espiritismo, tal coisa sucede. Veja-se por exemplo o que ocorre nas sessões de terreiro em geral em que os Espíritos, assim que se incorporam nos médiuns, pedem logo cigarros, charutos e álcool e durante todo o tempo do trabalho com eles se deliciam. Enquanto seus médiuns cantam, dançam, eles vão ouvindo os clientes, prometendo coisas, fumando seus charutos e bebendo sua aguardente...

Nas sessões espíritas é preciso que tais práticas jamais penetrem, e quanto aos espíritas, individualmente, devem eles se lançar decididamente ao combate e à repressão de seus próprios defeitos e vícios; este é o único meio de se purificarem e evoluírem.

**f) Defeitos morais e paixões**

Encetada, assim, esta campanha contra os vícios, devem os diretores de trabalhos nos Centros Espíritas e nos agrupamentos familiares, iniciar a fase seguinte da renovação que consiste na luta contra os defeitos morais, já citados, do orgulho, do egoísmo, da sensualidade, da hipocrisia, da avareza e outros, que afligem e infelicitam a maioria dos homens e mulheres. São defeitos da própria humanidade inferior deste nosso mundo de expiações e de provas.

A batalha moral contra esses defeitos deve ser encetada sem vacilações e temores, sendo certo que desde os primeiros passos todos serão fortemente apoiados pelos benfeitores espirituais que sempre estão atentos, aguardando que tais salutares e imperiosas resoluções surjam e tomem consciência no Espírito dos seus protegidos, entes amados aos quais assumiram o compromisso de assistir e proteger durante a encarnação.

Por outro lado, é certo que toda vez que tomamos resoluções ou atitudes que concordam com as leis da vida espiritual superior, somos imediatamente cobertos e fortalecidos pelas forças do Alto.

A luta contra os defeitos não é fácil, e às vezes uma vida inteira não basta para suprimir um só deles; porém a disposição íntima e sincera de vencê-los já representa uma vitória moral que assegura um futuro e definitivo sucesso.

Antes de encetar essa luta é necessário que cada um faça um esboço de programa íntimo, dê um balanço na sua situação espiritual, organize um quadro vivo dos defeitos que possui, classifique-os em ordem de influência, isto é, analise a influência que cada um exerce sobre seus sentimentos, pensamentos ou atos: arme-se, depois, com a espada da **vontade**, dê o primeiro passo e continue a caminhar sem voltar atrás.

Somente havendo no coração do lutador o desejo real e sincero de livrar-se do defeito, tal coisa é possível. Muitos pensam em progredir, anular defeitos, porém esperam que isso aconteça por milagre ou com o correr do tempo; nos seus corações não existe a convicção do erro e o desejo íntimo e profundo de se libertarem; acostumaram-se com aquilo e assim vão vivendo...

Citarei um só exemplo: o indivíduo sensual quer livrar-se da sensualidade, porém no fundo gosta dela e, por isso, vai vivendo...

Se, entretanto, atirar-se à luta disposto a dominar o defeito, com surpresa perceberá que a vitória está em suas mãos, dependendo somente dessa sua corajosa e decidida resolução.

### *3.2.b.2 – Conduta no lar*

Explanadas assim as regras da **conduta consigo mesmo**, que formam o item número 1 das **Realizações Íntimas da Renovação**, passemos agora a analisar o item número 2 que é a **conduta no lar**.

O lar é a oficina maravilhosa de esforços e experiências evolutivas que amplamente concorrem para o progresso espiritual dos homens.

Enquanto vive no campo estreito do egoísmo inferior, nas vizinhanças mesquinhas da animalidade, o indivíduo é incapaz de sentir amor a não ser por si mesmo.

À medida, porém, que o tempo passa, que as vidas se sucedem umas às outras, acumulando experiências de toda sorte e o sofrimento produzido as alterações íntimas do psiquismo renovado, despertam os primeiros sentimentos da fraternidade, as primeiras ideias de interdependência e o indivíduo vai sendo, ao mesmo tempo, atraído para a vida em comum de dois, de três, de mais comparsas, terminando por constituir sua própria família e tornando-se capaz de mantê-la, protegê-la, multiplicando seus rebentos.

Entretanto, sua capacidade de amar, ainda muito restrita, não vai além daquele estreito círculo social até que, com novas experiências e novos sofrimentos, alarga-se o campo dessa capacidade, dilata-se a mais amplos horizontes, beneficiando criaturas pertencentes a outras famílias, e daí a agrupamentos cada vez maiores que formam a humanidade inteira.

À medida que sobem na hierarquia espiritual, a capacidade de amar demonstrada pelos Espíritos é cada vez maior, porque vão eles desta forma se integrando cada vez mais na lei maior – a do amor – soberana sobre todas na maravilhosa criação de Deus.

Assim sendo, é preciso que o espírita consciente proceda a um exame de seus próprios sentimentos para ver como encara, como sente esse problema do lar e da família, como reage às suas naturais contingências, às demonstrações dos defeitos próprios do ser encarnado e das virtudes tão raras dos que ali, como ele mesmo, estão reunidos para a vida em comum, resgates do pretérito e construção de alicerces amoráveis para o futuro.

Como chefe de família em cujo seio todos esses seres encarnaram para a realização das provas necessárias; como condutor daquele barco vivo, no sangue e na carne, que navega muitas vezes no mar de lágrimas, enorme é a sua responsabilidade e rigorosas contas lhe serão exigidas, futuramente, perante os tribunais divinos.

Como espírita, antes mesmo que como pai ou esposo, deve dar os mais inequívocos e generosos testemunhos de tolerância, bom conselho, equilíbrio, prudência e honestidade, a par da necessária energia para que o barco singre a sua rota, enfrente as tempestades e alcance o seu porto de destino.

Suas atitudes e exemplos terão grande valia, porque o que se ensina aos filhos e os exemplos que nos lares, com a nossa conduta lhes damos, são coisas que calam fundo e exercem grande influência na sua educação e na formação do seu caráter.

Os esforços que desenvolver no campo interno para sua renovação moral têm, como vemos, a mais ampla e salutar aplicação na vida diária do lar doméstico e, conforme souber ali se conduzir, ensinando e exemplificando, terá ele conseguido meritórios avanços no seu próprio roteiro espiritual.

Os lares devem ser suficientemente evangelizados para que neles possa haver paz e entendimento, para que as forças do mal possam dali ser constantemente rechaçadas.

Nos lares onde houver um espírita cabe a este a tarefa de introduzir ali, a palavra do Evangelho e a correspondente exemplificação. Nenhum espírita esclarecido foge a este testemunho.

O número de lares desfeitos atualmente por abandono, por divórcio, por violências de toda sorte, é enorme e cresce, dia a dia, de uma forma realmente lastimável, e isso tanto sucede nas camadas altas da sociedade como em todas as demais. A causa é bem patente e simples: falta de conhecimento da vida espiritual verdadeira, falta de Evangelho, crenças de superfície ou exterioridade que nada constroem no coração dos seus adeptos.

Avultam, por isso, os dramas e as tragédias que enlutam corações e desfazem esperanças, com lamentáveis perdas de tempo para o progresso evolutivo dos seus responsáveis legais.

As religiões comuns, dogmáticas, não oferecem aos seus seguidores elementos convincentes de compreensão e de renúncia e suas ameaças de castigos eternos já não produzem mais qualquer temor contensivo.

Mas o Espiritismo está em condições de mudar o aspecto das coisas, desde que nos lares, seus seguidores se coloquem nos devidos postos de propagadores do Evangelho, de soldados do Cristo; ali eles são os legítimos executores do Alto, nesse trabalho dignificante de esclarecimento das almas e de evangelização realista.

Tão graves são suas responsabilidades na conservação da unidade familiar, e na orientação daqueles que encarnaram sob sua proteção individual; tão imperativas as necessidades dos resgates recíprocos (que nos lares cristãos encontram suas melhores e mais carinhosas oportunidades), que a separação dos cônjuges, tão desejada pelos gozadores, comodistas ou displicentes, mesmo nos casos de incompatibilidades intensas, só deve ser admitida havendo adultério, e após esgotadas as possibilidades de entendimentos, conforme recomendou o Divino Mestre em seu Evangelho.

Esta questão de separação de cônjuges é outro ponto de controvérsia doutrinária que deve ser decidido por cada um, segundo seu próprio entendimento evolutivo. Nossa opinião pessoal está expressa no opúsculo *Separações Conjugais*[15].

Passemos agora a considerar, para remate, o último item do tema que estamos explanando.

---

15 Esse opúsculo está incluso na coletânea *Espiritismo e a Próxima Renovação*. (Nota da Editora)

### *3.2.b.3 – Conduta na sociedade*

Se no lar, como chefe, dirige, aconselha e resolve os problemas da pequena comunidade que está posta sob seus cuidados, na sociedade, como um de seus membros, deve o espírita respeitar as leis e os costumes, colaborar para o bem geral, porém não transigir com o erro, os maus costumes e os vícios que, nessa sociedade, imperam lastimavelmente.

Na parte que lhe cabe de crente religioso esclarecido, deve propagar, pelo exemplo, aquilo que o Divino Mestre ensinou e, mesmo sem se preocupar em fazer prosélitos, pois que o livre-arbítrio é sagrado e cada um adora o deus que mais corresponde ao seu grau evolutivo, deve, todavia, a todo instante, provar, com sua própria conduta, que o Espiritismo é de fato o cristianismo redivivo.

A sociedade humana se reforma pela transformação moral de cada um dos seus membros, e os espíritas são elementos de alto valor nesse trabalho geral, por possuírem o conhecimento de uma doutrina mais avançada, capaz de incutir nos seus adeptos um alto teor de convicção própria, de capacidade de exemplificação e de renúncia evangélica em benefício do próximo.

A vantagem mais impressionante que os espíritas levam em relação aos profitentes dos credos dogmáticos que imperam no ocidente, é que a sua palavra ou os seus gestos (nos casos justos e se ele for suficientemente evangelizado) podem ser apoiados por legiões de Espíritos invisíveis, que com ele se mostrarão solidários, nas afirmativas e nos atos que testifiquem as verdades pregadas pelo Divino Mestre.

***Observações:***

Cada um destes setores do esforço de renovação deve ser motivo de palestras nos Centros e agrupamentos espíritas, formando temas especiais. Nesse campo a parte teórica é unicamente orientadora, devendo o próprio frequentador realizar o esforço, promovendo as alterações íntimas desejáveis...

E após ter atacado assim o problema em todos os seus aspectos, diferentes porém complementares, deve ele perseverar com sentimentos de humildade e aguardar os resultados do seu dignificante trabalho que, com o correr do tempo, se farão sentir promissoramente.

## *ESQUEMA DE SESSÃO DE EVANGELIZAÇÃO:*

**Direção** – Um diretor de trabalho, um auxiliar e um médium de incorporação apto a receber instrutores espirituais.

**Funcionamento**

1) Concentração para abertura.
2) Prece proferida pelo diretor.
3) Leitura e interpretação de um texto evangélico estudado para o dia.
4) Perguntas e respostas sobre o texto lido.
5) Instruções do diretor sobre a parte de realização íntima de acordo com o tema marcado para o dia.
6) Palavra do instrutor espiritual para esclarecimento sobre os temas.
7) Concentração para encerramento.
8) Prece de agradecimento.

***Observações:***

Essas sessões devem ser públicas.

O esforço dos adeptos, no sentido da reforma íntima, deve ser acompanhado e orientado pelo diretor dos trabalhos de forma objetiva e direta, com exercícios destinados ao desenvolvimento de faculdades psíquicas.

Recomendamos, para este trabalho, o método usado na Escola de Aprendizes do Evangelho, cujos resultados têm sido magníficos.

Com este esquema está terminada a parte expositiva referente às realizações que visam atingir as finalidades principais do Espiritismo, isto é, organização e funcionamento de sessões de esclarecimento doutrinário e de evangelização propriamente dita.

No capítulo seguinte passaremos em revista as sessões destinadas às realizações das finalidades secundárias.

# 4

# Trabalhos Destinados a Realizar as Finalidades Secundárias

Desde já devemos advertir que daremos esquemas de organização de sessões de caráter especializado, isto é, sessões especiais apropriadas a cada natureza de trabalho, que oferecem excelentes resultados e não **sessões mistas**, como as realizadas na maioria dos Centros Espíritas e dos agrupamentos familiares.

Também reconhecemos que essas sessões mistas são as mais apropriadas para os casos gerais ou quando, pelo pequeno movimento, o agrupamento não necessita de especializações.

Dando aqui o esquema das sessões especializadas, para um melhor conhecimento dos interessados, à página 137, item 4.8 deste capítulo, encontrarão eles, também, o esquema da sessão mista, a mais comum, como já dissemos, e que deve sempre ser organizada de forma a satisfazer a todas as condições e necessidades da expansão do movimento espírita em nosso país.

O mal que vemos nessas sessões mistas, na forma pelas quais elas são feitas por toda parte, é sua tendência generalizada para somente atender interesses de ordem material dos frequentadores, relegando a completo abandono todas as demais possibilidades que nossa doutrina oferece ao povo, não só nesse campo da caridade e do conforto moral, como no do esclarecimento intelectual, mas sobretudo no da reforma íntima que é, como acabamos de frisar exaustivamente, a finalidade principal do Espiritismo.

Nos capítulos 1 e 2 vimos quais as verdadeiras finalidades do Espiritismo, dividindo-as em principais e secundárias; demonstramos que a finalidade principal é esclarecer e reformar o indivíduo.

No capítulo 3 vimos como se organizam e se programam as sessões de estudos, destinadas ao esclarecimento e como se organizam as sessões de realização evangélica, destinadas à referida reforma íntima.

Vamos agora tratar dos trabalhos referentes às finalidades secundárias.

Elas são, como já dissemos, as seguintes: sessões de doutrinação de Espíritos, de curas, de difusão doutrinária, de efeitos físicos, de desenvolvimento mediúnico, sessões comemorativas ou festivas, etc., etc.

Vamos descrever cada uma delas, separadamente.

## 4.1 - DOUTRINAÇÃO DE ESPÍRITOS

Essas sessões visam, como seu nome indica, esclarecer Espíritos desencarnados a respeito de sua própria situação espiritual, orientando-os no sentido do despertamento no plano invisível e subsequente equilíbrio e progresso espirituais.

Na quase totalidade dos casos, os Espíritos que conseguem encarnação neste planeta inferior, após suas provas e experiências, desencarnam e entram em um período normal de inconsciência do qual saem para um outro, algo melhorado, de readaptação e deste para terceiro, mais elevado, de colaboração na assistência ao próximo, conforme seu estado evolutivo o permita.

Muitos deles, entretanto, demoram longo tempo na inconsciência ou na readaptação, durante cujo período permanecem jungidos ao **hábitat** terrestre por força de sua própria afinidade vibratória que, neste caso, atua como uma lei de peso. Para facilitar seu despertamento ou seu esclarecimento, esses Espíritos são trazidos às sessões de doutrinação, e aí ligados, momentaneamente, a médiuns de incorporação; ao choque brutal do mergulho na carne, no contato com os fluidos benéficos da corrente ali formada e, por efeito dos ensinamentos recebidos do doutrinador encarnado, muitos deles logram despertar e retomar o caminho do aperfeiçoamento espiritual.

Doutrinar Espíritos não é tarefa fácil e exige conhecimentos doutrinários bastante desenvolvidos; por outro lado, é necessário possuir o doutrinador senso psicológico para poder captar com rapidez a verdadeira feição moral do caso que defronta e, em consequência, encaminhar a doutrinação no devido rumo; como também é necessário possuir paciência e bondade, humildade e tolerância, porque somente com auxílio dessas virtudes, poderá ele enfrentar os casos difíceis da doutrinação de Espíritos maldosos, zombeteiros e intelectuais empedernidos.

A consulta a livros doutrinários não basta, porque eles não podem entrar em certos pormenores que pertencem ao trabalho prático, à experiência pessoal amadurecida com o tempo e com o embate das diferentes modalidades que o problema apresenta.

Por essas razões, julgamos útil estender um pouco mais este capítulo, fornecendo alguns esclarecimentos e conselhos a respeito de tão delicado e importante assunto.

A doutrinação tem inúmeros aspectos e visa não somente a Espíritos denominados **sofredores**, mas também Espíritos ignorantes que permanecem em esferas de embrutecimento; Espíritos maldosos que se devotam ao mal conscientemente; Espíritos intelectualmente desenvolvidos, mas que ainda não penetraram no caminho da redenção espiritual.

Bem variado, portanto, deve ser o modo de doutrinar uns e outros.

Por outro lado, é preciso considerar que a doutrinação não pode ser imposta a poder de argumentos; é, preferentemente, uma colaboração de caráter evangélico em bem do próximo; os pontos de vista e os desejos dos Espíritos, salvo nos casos de inconsciência, devem ser respeitados porque o livre-arbítrio é sagrado.

Assim, o Espírito que, sendo consciente e livre, recusa ou despreza a doutrinação, não deve ser forçado a ouvi-la ou ameaçado de represálias (amarrações, prisões no Espaço, etc.). Ao contrário, deve ser convidado a voltar noutra ocasião e, em seguida, despedido cordialmente não se perdendo mais tempo com ele, ou estabelecendo discussões intermináveis e irritantes, que sempre acabam por diminuir a autoridade moral do doutrinador. Este deve jogar a sua semente e esperar que ela germine no coração do visitante empedernido.

Analisemos, porém, cada caso em particular.

### *ESPÍRITOS SOFREDORES*

Vejamos o que consta no livro *Mediunidade*, capítulo 30[16]:

"Os chamados sofredores que, em circunstâncias especiais, como sejam: interferência de terceiros, terminação de estágio de provas, recompensa por efeito de prece, etc., merecem a atenção dos enfermeiros do espaço, dedicados a esse trabalho de auxílio e socorro, nestes casos, em vez de serem conduzidos a um posto de socorro ou qualquer outra organização assistencial do espaço, podem ser trazidos às sessões dos encarnados na própria crosta que, assim, funcionam também como postos de socorro.

Realiza-se desta forma um trabalho comum, de mútua assistência e de conjugação de esforços entre organismos dos dois planos, tudo sob vistas e orientação de entidades superiores encarregadas desta tarefa."

Em geral, os **sofredores** podem ser: a) Espíritos habitantes do umbral inferior, portadores de moléstias físicas ou psíquicas com as quais desencarnaram e continuam sob os mesmos sofrimentos; b) Espíritos libertados de lugares de detenção onde permaneciam escravizados; c) Espíritos recolhidos a organizações de assistência e colônias de socorro do mesmo umbral e que obtiveram permissão para fazer contato com os encarnados; d) Espíritos inconscientes, ainda submersos nos transes do desencarne; e)

[16] Do mesmo autor (Editora Aliança).

Espíritos conscientes de suicidas que apresentam e sofrem os tormentos das violências físicas que contra si mesmo praticaram; f) Espíritos portadores de perturbações psíquicas que trouxeram da encarnação anterior ou adquiriram nos contatos que mantiveram com entidades maléficas do mesmo umbral, etc.

A doutrinação, como está bem claro, deve variar para cada caso.

Vejamos alguns exemplos:

Para os portadores de moléstias, basta dizer-lhes que elas são simples reflexos perispirituais de perturbações do corpo físico e que, para eliminá-las, basta que o sofredor as varra de sua mente pela vontade, use da prece para readquirir suas forças e se disponha a qualquer trabalho construtivo a bem do próximo. Para os inconscientes, em período de readaptação ao novo meio, o recurso são as preces e as correntes fortes de vibrações fluídicas, realizadas no ato pelos auxiliares do trabalho; aliás, o contato do sofredor com a corrente muitas vezes basta para o despertamento.

Para os suicidas, a doutrinação deve visar ao esclarecimento sobre o erro cometido: o corpo é o santuário do Espírito encarnado, elemento de imenso valor para a realização das provas necessárias à redenção espiritual neste plano, principalmente o resgate de dívidas pretéritas.

Os portadores de perturbações psíquicas (tristeza, desânimo, manias, fobias, etc.) devem ser instruídos sobre o valor das atividades construtivas e da necessidade do despertamento do Espírito para as lutas do porvir.

Em resumo, a doutrinação desperta os que dormem, esclarece os ignorantes e maldosos, estimula os fracos e abatidos e conforta a todos nos seus sofrimentos e nas suas provações.

As dissertações sobre passagens evangélicas adequadas têm imenso valor nesses casos, porque renovam as esperanças, encaminham para a humildade e despertam nos corações infelizes a fé e a confiança na misericórdia de Deus.

Por outro lado, o doutrinador não deve se circunscrever ao caso especial, como já dissemos, do sofredor presente, porque quase sempre inúmeros outros estão também presentes no plano invisível e que por vários motivos, como falta de tempo ou de médiuns apropriados, nem sempre conseguem a oportunidade da incorporação.

Por isso é que recomendamos a generalização das doutrinações porque, assim sendo, o doutrinador se dirige a todos os presentes, incorporados ou não, e a todos distribui os benefícios do esclarecimento evangélico.

Não se conclua disto que esses Espíritos não possam ser doutrinados no espaço: claro que podem; porém, nos estados de inconsciência ou obsessão, que lhes obliteram o entendimento e os tornam impermeáveis aos conselhos dos benfeitores do espaço, o choque com o mundo da carne donde, muitas vezes, recentemente vieram, a presença possível de amigos, parentes e pessoas amadas, a recordação momentânea de coisas que já passaram, tudo isso exerce poderosa influência sobre eles e facilita o despertamento.

## *ESPÍRITOS MALÉFICOS*

Não são considerados **sofredores**. Possuem liberdade relativa e usam-na para a prática de seus intuitos maldosos.

Algumas vezes habitam o umbral inferior, operando nos seus redutos abismais; outras vezes pertencem às regiões das trevas, na subcrosta, fazendo parte de suas organizações ativas, donde sobem para o desempenho, na crosta ou algures, de suas tarefas tenebrosas.

Normalmente, esses Espíritos não se aproximam de sessões de doutrinação bem guardadas e só o fazem quando podem intervir, destruindo o agrupamento, ou então quando, por efeito de saturação do mal, já estão se desligando de suas atividades e tentando se libertar da escravidão a que vivem jungidos. Neste último caso a doutrinação não é difícil porque já trazem em si mesmos a capacidade ou o desejo de aceitar tudo o quanto se lhes diga em seu próprio benefício.

A doutrinação para esses Espíritos deve versar sobre arrependimento, necessidade de expiação de erros, preparação íntima para a reparação dos males praticados, urgência em se entregarem a tarefas úteis, com sentimentos de fé e de humildade.

Quanto aos Espíritos intelectualizados, não pertencentes ao rol dos seres maléficos, que algumas vezes comparecem movidos por curiosidade ou como convidados de terceiros, a doutrinação deve visar a demonstração de que o desenvolvimento somente do intelecto não resolve o problema da felicidade humana; que, bem ao contrário, quando não é ele equilibrado com o desenvolvimento do sentimento, que é atividade da vida moral, gera o orgulho e a impiedade, tornando os Espíritos impermeáveis às virtudes dignificadoras da vida humana.

Como são sempre avessos ao Evangelho, convém se referir à força deste na transformação moral das almas e, como remate, para lhes dar uma prova de valor espiritual, emprestando assim maior autoridade às palavras de doutrinação proferidas, rogar ao Alto para que o Espírito presente no momento possa, naquele mesmo instante, sentir em seu coração embrutecido o influxo de um sentimento de bondade e a emoção que provém dos contatos com forças divinizadas vindas do Alto.

Por outro lado, as vibrações amorosas emitidas pelos auxiliares do trabalho calarão fundo no seu coração, pouco afeito a sentimentos de tal natureza.

Essa prova lhe servirá de motivo para sérias meditações e a semente assim lançada no seu Espírito orgulhoso germinará no futuro, produzindo abençoados frutos.

Em todos os casos deve haver clareza, simplicidade e concisão nas doutrinações, porque não são as preleções extensas, os floreios de linguagem que resolvem as dificuldades, mas sim os sentimentos de amor, de fraternidade, emitidos pelos participantes do trabalho. Ao mesmo tempo que se doutrina, deve-se emitir vibrações coloridas de paz e amor – róseas – que agem profundamente no perispírito dos obsessores.

## *ORGANIZAÇÃO DA SESSÃO*

**Direção:** Um diretor do trabalho, um auxiliar e um ou mais médiuns de incorporação, aptos para receberem tanto sofredores como instrutores espirituais. É útil também, conquanto não seja indispensável, a presença de médiuns videntes junto ao diretor.

**Corrente:** Normalmente formada pelos próprios componentes do grupo de direção. Quando houver médiuns em maior número ou quando se conseguiu formar um corpo de auxiliares selecionados previamente, convém deixar uma fila deles colocada entre o grupo diretor e a assistência. Nesse caso, basta que permaneça na direção o diretor do trabalho, um auxiliar substituto e os médiuns auxiliares já referidos.

**Funcionamento**

1) Concentração para abertura.

2) Prece proferida pelo diretor do trabalho ou qualquer auxiliar que ele designar. Tanto quanto possível a prece deve ser simples e espontânea, sem auxílio de livro. O hábito de ler as preces em livros especiais acaba por torná-las um ato mecânico, inexpressivas, sem emoção e sem poder.

3) Vibrações de caráter geral para necessitados.

4) Período de doutrinação de sofredores em geral. Os Espíritos devem atuar em cada médium por vez; enquanto um recebe e o doutrinador esclarece, os demais escutam e auxiliam, mantendo a corrente harmoniosa, uniforme e equilibrada.

• O doutrinador não deve permitir que os médiuns recebam de forma violenta ou tumultuária. Gritos, batidas de pés e mãos, contorções, uivos, são quase sempre vícios de médiuns, desajustes nervosos ou desequilíbrios provenientes de falta de afinidade vibratória entre os perispíritos de médiuns e comunicantes, o que deve ser regularizado o mais rapidamente possível.

• Os Espíritos desordeiros e turbulentos não devem ser agasalhados nessas sessões; se não quiserem se sujeitar às regras de boa conduta e respeito devidos à natureza do trabalho, devem seguir seu rumo e voltar somente quando estejam dispostos a se submeter ao regime estabelecido.

• Nenhuma polêmica, como já dissemos, ou hostilidade de qualquer espécie, deve ser mantida com os Espíritos, mesmo quando sejam desta última classe; estando eles de má-fé convém proceder ao desligamento e passar adiante; o tempo é precioso nesses trabalhos e milhares de outros sofredores humildes existem, necessitados de assistência.

• Sendo as doutrinações feitas em caráter genérico, como aconselhamos, não há necessidade de prolongar o trabalho além de certo limite de tempo porque, mesmo sem se incorporarem, os sofredores presentes serão todos beneficiados.

5) Palavra do mentor espiritual que acrescentará, a tudo quanto tenha sido dito, aquilo que julgar necessário.

6) Concentração para encerramento.

7) Prece de agradecimento.

***Observações:***

Essas sessões devem ser públicas, porque tanto o que diz o diretor do trabalho, como os Espíritos que se incorporam, como ainda, os instrutores espirituais, são ensinamentos úteis para os assistentes nos dois planos, muitos dos quais desconhecem a Doutrina dos Espíritos. Assim estará sendo esta propagada de uma forma viva, interessante e muitas vezes edificantes.

É completamente desaconselhável que vários Espíritos chamados **protetores do aparelho** tomem a palavra para abrir ou encerrar os trabalhos. Isto compete exclusivamente ao diretor ou à pessoa que for por ele designada. O papel dos referidos **protetores** deve ser unicamente de auxílio aos trabalhos e não de interferência neles, com usurpação de funções que cabem a diretores encarnados, exceção de casos especiais que justifiquem tal medida.

O número de Espíritos inferiores dedicados ao mal aumenta dia a dia e, nas Casas Espíritas de maior movimento, o processo clássico de "doutrinação de sofredores" é cada vez mais restrito e menos praticável pela carência de tempo e pelo vulto, cada vez maior, de necessitados a atender.

A organização das forças das trevas nos planos invisíveis é extensa e poderosa, formada por legiões de Espíritos escravizados por chefes autoritários e impiedosos, que agem audaciosamente junto aos encarnados, na crosta terrestre, infestando as macumbas, os centros de feitiçarias, arremetendo contra os **terreiros** de Umbanda e sessões espíritas mal orientadas, ou dirigidas por pessoas ignorantes ou aproveitadoras; como também agem na vida comum das ruas, das sociedades, dos lares e dos mais diversos núcleos das atividades humanas, influenciando milhares de pessoas.

Por isso, de há muito, tornou-se evidente a necessidade de introduzir nas práticas espíritas processos novos de trabalho, apropriados ao atendimento de massas e não de indivíduos isoladamente.

Assim sendo, sugerimos e aplicamos um processo que denominamos de "Choque Anímico" que, no fundo, é um desdobramento, uma especialização do trabalho de curas a distância por meio de radiações, como há muitos anos, realizamos na FEESP, em conjugação com centenas de instituições da capital, do interior e de outros estados do país, com pleno sucesso.

Três coisas, sobretudo, caracterizam este processo:

1) a ação é direta sobre o obsessor e não sobre o obsediado;
2) em vez de agir pela palavra, doutrinando, agimos pela emissão de uma onda vibratória de amor que, como se sabe, é a energia mais poderosa existente no plano espiritual;
3) a ação, como ocorre na doutrinação comum, é individual e não coletiva.

Trata-se, pois, de um processo de substituição da doutrinação comum por outro, capaz de ser aplicado a muitos para atender ao movimento cada vez maior das Casas Espíritas.

### *PRÁTICA*

Forme-se um ou mais grupos selecionados de médiuns de cura ou de pessoas dedicadas, aptas a emitir vibrações fluídicas de amor e de bondade, emanadas diretamente do coração. Esses grupos devem ficar afastados dos demais participantes para evitarem interferências vibratórias negativas.

Após a preparação do ambiente por meio de leitura evangélica e prece de abertura, o dirigente deve fazer uma preleção rápida sobre a natureza do trabalho, enquanto os grupos permanecem concentrados, aguardando a apresentação dos primeiros doentes ou assistidos.

Estes devem ser trazidos pelos auxiliares do dirigente, individualmente a cada grupo, e sobre a cabeça de cada um deles o **chefe do grupo** estende a mão direita espalmada enquanto os membros do grupo projetam na direção do obsessor invisível um intenso jato de vibração de amor, de paz e de equilíbrio.

É fato conhecido que os fluidos finos, purificados, possuem um teor vibratório muito elevado, rápido e luminoso, sendo dotados de grande poder de penetração e radiação; esses fluidos desarticulam e eliminam as vibrações baixas e pesadas das mentes dos obsessores procedendo, momentaneamente, a uma verdadeira saturação de seus perispíritos.

Por outro lado, os fluidos, sendo coloridos de cores pacíficas, suaves e harmoniosas como o rosa e o azul, dirigidos diretamente ao coração do obsessor, provocam intenso choque anímico, emoção desconhecida para eles, como Espíritos que somente vibram em graus baixos e negativos; é como se um jato de luz forte fosse projetado repentinamente sobre uma massa de sombra. Esse choque emocional, aos poucos, vai alterando sentimentos, pensamentos e atos. Mesmo quando os efeitos sejam momentâneos, a repetição do processo, em sessões continuadas, produzirá os resultados esperados[17].

Quanto mais poderosa for a corrente em número de médiuns e força vibratória, tanto mais eficientes serão os resultados do trabalho.

## 4.2 - SESSÃO DE DIFUSÃO DOUTRINÁRIA

Como o seu nome indica, essas sessões visam difundir, propagar a doutrina, teoricamente em todos os seus diferentes aspectos e modalidades. Não devem ser confundidas com as sessões de estudos porque é diferente o seu funcionamento.

### *ORGANIZAÇÃO DA SESSÃO*

**Direção:** Um diretor, um auxiliar substituto e um ou dois médiuns de incorporação aptos a receberem instrutores; havendo videntes disponíveis podem também ser utilizados até mesmo para demonstrações de momento.

[17] Para maiores detalhes consultar o livro *Passes e Radiações,* do mesmo autor, Editora Aliança.

**Funcionamento**

1) Concentração para abertura.
2) Prece.
3) Leitura de um texto útil sobre qualquer assunto doutrinário.
4) Interpretação ou explanação feita pelo diretor de trabalhos.
5) Perguntas e respostas sobre o texto.
6) Palavra dos instrutores espirituais, para esclarecimento sobre o texto.
7) Vibrações de caráter geral.
8) Concentração para encerramento.
9) Prece de agradecimento.

***Observação:***

Essas sessões devem ser públicas porque as verdades doutrinárias devem ser propagadas para todo o povo.

## 4.3 - SESSÃO DE PASSES

Os passes podem ser magnéticos e espirituais[18].

Passes **magnéticos** são aqueles dados por profissionais, ou médiuns possuidores de alta capacidade de doar fluidos de seu próprio corpo físico, capazes de produzir alterações nos organismos doentes; e **espirituais** são os passes dados por Espíritos, por meio de médiuns, ou dados por estes com assistência imediata de Espíritos desencarnados.

Os primeiros, os magnéticos, exigem sólidos conhecimentos de anatomia e fisiologia humanos, ao passo que os últimos – os mais utilizados no Espiritismo – podem ser dados por qualquer pessoa, independentemente de qualquer desses conhecimentos, desde que possua sensibilidade mediúnica e se disponha ao trabalho de caridade em bem do próximo.

### *ORGANIZAÇÃO DA SESSÃO*

**Direção:** Um diretor, um auxiliar, um médium para receber instrutores.

**Corrente:** Formada por componentes do grupo de dois, três ou mais passistas.

[18] A terminologia que o Autor emprega em seu livro *Passes e Radiações* (ver capítulo 9) é mais didática. (Nota da Editora)

**Funcionamento**

1) Concentração para a abertura.

2) Prece proferida pelo diretor do trabalho.

3) Preleção do diretor do trabalho sobre doenças, resgates, curas e necessidades de evangelização.

4) Havendo mais de um médium passista, colocá-los distanciados uns dos outros e organizar tantos grupos de doentes quantos necessários, fazendo-os passar em fila pelo médium respectivo, voltando em seguida cada um ao seu lugar anterior, ou melhor ainda, deixar o passe para o fim da sessão, os doentes recebendo os passes e se retirando.

5) Palavra ao mentor espiritual dos trabalhos.

6) Concentração para encerramento.

7) Prece de agradecimento.

Quando há muitos doentes e o tempo é escasso, pode-se adotar o processo de passes coletivos, cujo funcionamento e organização é o seguinte, com base no esquema anterior:

1, 2 e 3) sem alteração

4) Estando todos os doentes em seus lugares, o diretor do trabalho ou o mentor espiritual, por meio do médium do grupo diretor, levanta-se, estende os braços e faz o passe durante o tempo que for necessário.

Nessa ocasião, do Alto jorrarão sobre os doentes fluidos reparadores e as curas possíveis se realizarão da mesma forma.

5, 6 e 7) sem alteração.

**Regras**

Para os passes individuais convém observar as seguintes regras:

a) na maioria dos casos não tocar nos doentes; isto é desnecessário e altamente inconveniente; os passes espirituais não exigem esse contato;

b) só permitir que dê passe o médium que não for viciado em álcool e/ou fumo, porque, nestes casos, transferirá para os doentes os venenos armazenados em seu próprio organismo;

c) a mesma recomendação vigora para os casos de estar o médium doente, fraco ou intoxicado por excessos de alimentação ou medicamentos;

d) ainda o mesmo se exige para os médiuns perturbados espiritualmente (encostos, obsessões, etc.), ou para aqueles que, moralmente, sejam julgados indignos;

e) não dar passes a pessoas que querem tomá-los todos os dias tornando-se, por fim, fanáticas ou maníacas, verdadeiras "papa-passes", explicando que o passe por si mesmo nada resolve de definitivo; apesar de ser um precioso auxiliar de curas, estas dependem, em grande parte, do esforço do próprio doente em se reformar.

***Observação:***
Para melhor preparação dos médiuns passistas, sugerimos o estudo do mesmo trabalho intitulado *Passes e Radiações*, já citado[19].

## 4.4 - SESSÕES DE CURAS

Este capítulo de curas é muito amplo e importante devendo, por isso, ser analisado com muito vagar e sofrer vários desdobramentos.

Logo a um primeiro exame verificamos que deve ser desdobrado em duas grandes divisões principais que são: a) curas de perturbações materiais; b) curas de perturbações espirituais.

Para se poder agir com mais segurança, é necessário proceder primeiramente a exame prévio de todos os casos, para separar uma coisa de outra, o que pode ser feito interrogando-se o doente pessoalmente. Em seguida, deve-se proceder a uma **consulta espiritual** com médium de incorporação idôneo, a fim de se encaminhar o doente ao trabalho que for mais aconselhável.

### *A) PERTURBAÇÕES MATERIAIS*

Tratando-se de moléstia orgânica comum, o doente deve ser encaminhado aos médicos; porém, se preferirem, mesmo assim, fazer o tratamento espiritual, será encaminhado às sessões de cura, por meio de vibrações e preces, cujo esquema é o seguinte:

### *ORGANIZAÇÃO DA SESSÃO*

**Direção:** Um diretor, um auxiliar, um médium de incorporação apto a receber instrutores.

**Corrente:** Havendo médiuns em quantidade suficiente, formar uma só fileira deles entre a direção e o grupo de doentes.

---

[19] Do mesmo autor (Editora Aliança).

**Formação de ambiente:** Uns dez minutos antes do início da sessão, proceder a uma leitura leve, com recomendações e conselhos sobre moléstias em geral, resgates e necessidade de evangelização, a fim de formar um ambiente saturado de energias favoráveis.

**Funcionamento**

1) Concentração para abertura.
2) Prece, palestra ou leitura evangélica.
3) Período mais ou menos prolongado de recolhimento e silêncio, durante o qual os Espíritos curadores realizam as curas possíveis e assistem a todos os presentes. Assim permanecer até que o instrutor espiritual, pelo médium, avise que o trabalho está terminado no plano invisível.
4) Vibração geral pelos doentes ausentes, inclusive pelos desencarnados presentes que, comumente, são trazidos para sessões desta natureza.
5) Palavra do mentor espiritual, pelo médium do Grupo Diretor, que habitualmente profere nessas ocasiões uma preleção adequada.
6) Concentração para encerramento.
7) Prece de agradecimento.

**Observações:**

Essas sessões devem ser privativas, funcionando com a presença unicamente dos doentes previamente examinados. Convém realizá-las com auxílio de música adequada (melodias suaves, música sacra, coros discretos), que favorecem grandemente os trabalhos e os resultados.

### *B) CURA DE PERTURBAÇÕES ESPIRITUAIS*

Tratando-se de perturbação espiritual, devem os doentes ser separados em dois grupos, conforme a intensidade da perturbação como segue:

**1)** perturbações de 1º grau (encostos e outras influenciações de natureza leve);

**2)** perturbações de 2º grau (obsessões e outras influenciações mais intensas, até possessões).

Esses doentes, tanto quanto possível, não devem ser misturados, mas sim frequentar sessões diferentes, como segue:

### *b.1) SESSÕES PARA PERTURBAÇÕES DE 1º GRAU*

**Organização**

**Direção:** Um diretor, um auxiliar, um médium de incorporação e um vidente, quando houver.

**Corrente:** Um grupo de médiuns ou frequentadores previamente selecionados, que devem formar uma corrente entre a direção e o grupo de perturbados.

**Funcionamento**

1) Concentração para abertura.
2) Prece.
3) Leitura de um trecho evangélico.
4) Breves palavras do diretor sobre a natureza das perturbações e a necessidade da fé e da confiança para a cura.
5) Vibrações de cura pelo grupo de médiuns e auxiliares.
6) Palavras do mentor espiritual sobre o ato.
7) Concentração para encerramento.
8) Prece de agradecimento.

***Observações:***

A leitura a que se refere o item 3 tanto pode ser do livro *O Evangelho segundo o Espiritismo,* de Kardec, como do próprio Novo Testamento, não devendo, contudo, ser muito extensa.

— Havendo necessidade, podem ser feitas doutrinações de sofredores, a juízo dos mentores espirituais que, do plano onde operam, promoverão ou não as incorporações.

— Utilizar música apropriada desde o período que antecede a abertura da sessão, para formar ambiente favorável.

### *b.2) SESSÕES PARA PERTURBAÇÕES DE 2º GRAU*

**Organização**

A mesma da sessão anterior.

**Funcionamento**

1) Concentração para abertura.
2) Prece.

3) Preleção do diretor do trabalho sobre a natureza da sessão e sobre provações, resgates e curas, ou leitura apropriada.
4) Tratamento dos doentes diretamente pelos operadores do Plano Espiritual.
5) Palavra do mentor espiritual sobre o ato.
6) Concentração para encerramento.
7) Prece de agradecimento.

***Observações:***

Essas sessões são, mais que quaisquer outras, privativas, só devendo estar presentes os doentes, algum acompanhante deles em casos autorizados e os cooperadores.

— Não devem ser atendidos muitos doentes em cada sessão, mas, muito ao contrário, limitar o mais possível o seu número.

— Também é desaconselhável proceder a essas sessões sem a formação prévia de uma corrente suficientemente segura.

— Havendo necessidade de doutrinações, estas poderão ser feitas pelo diretor do trabalho, tendo em vista as recomendações constantes do item *Doutrinações de Espíritos*, deste capítulo.

— Essas recomendações referem-se às curas em sessões comuns. Para os casos individuais mais graves, vejam os capítulos seguintes.

## ESPECIALIZAÇÕES

### Pasteur 1 (P1)[20]

*Para curas de doenças materiais*

Eis o esquema do suporte magnético. Um de cujos membros (em rodízio) atua diretamente sobre o doente, em três tempos devidamente padronizados:

No 1º, o operador coloca sua mão esquerda sobre a cabeça do doente, sem tocá-la, enquanto a direita deslizando rapidamente pela coluna vertebral vai até sua base, na altura do sacro.

No 2º, a mão direita sobe até o bulbo enquanto a esquerda desce pela frente até o plexo solar.

[20] Processo de cura espiritual de perturbações mais intensas, realizadas por grupos especializados de médiuns que concorrem à formação de correntes magnéticas poderosas. O nome Pasteur é dado ao processo em homenagem ao grande cientista francês, que no seu início colaborou nesses trabalhos.

No 3º, a mão direita volta a descer até o sacro enquanto a esquerda desce até o baixo ventre.

Em cada posição a demora depende do tempo de que se dispuser para cada doente; como exemplo três minutos.

Essas três posições conseguem atingir os centros nervosos tanto do central como do vegetativo exercendo, portanto, efeitos seguros sobre toda a organização nervosa individual.

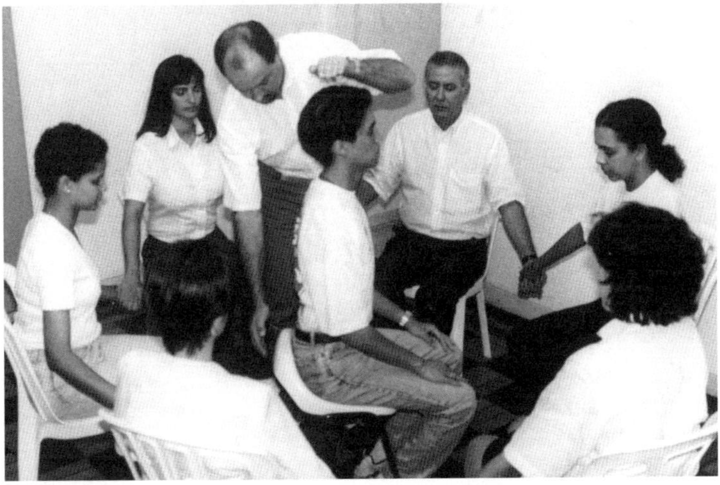

*Fig. nº 1*

**Pasteur 2 (P2)**

***Para cura de perturbações espirituais***

Eis o esquema da corrente magnética de base.

Nesse processo o número de cooperadores deve ser de seis a sete, no mínimo cinco, um dos quais (em rodízio) atua sobre o perturbado, sentado ao centro da corrente, promovendo com as mãos as mesmas três posições do Pasteur 1.

No Pasteur 1 os fluidos da corrente são dirigidos diretamente ao doente, ao passo que no Pasteur 2 todos os recursos: fluidos e vibrações da corrente e do Plano Espiritual são dirigidos diretamente para o obsessor.

Esta é a diferença.

*Fig. nº 2*

### *Pasteur 3 (P3)*

Para as perturbações espirituais avançadas e materiais graves, que dependem de intervenções mediúnicas, e nas quais a corrente de mãos é indispensável.

#### *P3-A – Material*

O primeiro tempo é de limpeza psíquica rápida, limpa-se a partir da cabeça até os pés.

No segundo, faz-se uma corrente de mãos e um dos membros – o transmissor – toma nas suas as mãos do doente durante o período de tratamento, quando necessário.

Um dos médiuns se encarrega do tratamento direto segundo as instruções que vierem dos operadores do Plano Espiritual fazendo as aplicações determinadas.

No terceiro tempo, sem desfazer a corrente, procede-se a uma doação de fluidos vitalizadores para o doente.

Nos casos de intervenção mediúnica os doentes podem ser atendidos fora da corrente, conforme o caso, sentados em poltronas ou deitados em leitos apropriados no mesmo local ou em cômodos anexos.

Para mais detalhes, consulte-se o livro *Curas Espirituais*, do mesmo autor, constante deste volume.

### P3-B – Espiritual

O mesmo dispositivo anterior, com o doente sentado ao centro da corrente. Limpeza psíquica, operadores masculinos ou femininos, conforme o sexo do doente. Corrente de mãos. Utilizar a vidência para entendimento com o Plano Espiritual. Havendo necessidade de doutrinação utilizar amplamente o recurso dos fluidos coloridos de contenção e apaziguamento desde o início e das vibrações diretas para a mente do obsessor, no mesmo sentido, para neutralizar a sua ação. Utilizar também amplamente os desdobramentos para localizar os filetes de ligação exterior, acompanhá-los e localizar as origens das influenciações, visando ao desligamento sempre que possível, isto é, não havendo o impedimento muitas vezes proibitivo dos resgates cármicos.

## CORRENTES MAGNÉTICAS

Em termos de definição, "corrente de cura" é um dispositivo de trabalho no qual os participantes, colocados em círculo, ou em outra disposição, dão-se as mãos, ou deixam de dá-las, segundo as conveniências do momento, fechando um circuito. O nome lembra uma corrente cujos elos são representados pelos participantes.

A corrente, tecnicamente, é um campo de força magnética que utilizamos em todos os casos em que se lida com fluidos pesados, nos trabalhos de cura material ou espiritual, sobretudo nestes últimos, quando ocorrem contatos e infiltrações de vibrações e fluidos deletérios, provenientes de Espíritos inferiores ou malignos, que afetam diretamente os médiuns presentes.

É também utilizada quando, mesmo em se tratando de Espíritos bons, os médiuns, por inferioridade vibratória, encontram dificuldade para realizar sua tarefa, necessitando de corrente para nela se apoiarem, somando valores fluídicos.

Em todos estes casos a corrente de mãos representa segurança e permite aos médiuns desenvolverem em plenitude suas possibilidades mediúnicas.

Médium algum, conhecedor do problema, aceita trabalhar em ambientes maus, ou fazer contato com fluidos pesados, sem saber que pode contar com uma corrente segura e de confiança.

Nos casos de trabalhos suaves, inclusive os de simples **encostos**, a corrente de mãos pode ser dispensada e a segurança é feita somente pelos contatos áuricos de seus membros, o que basta para estabelecer um campo de força satisfatório.

É sabido que a segurança dos trabalhos em geral é feita exteriormente por protetores espirituais ou dispositivos de vigilância, mas nos casos já citados, de Espíritos malignos, a corrente de mãos é indispensável mesmo assim, pois não basta a proteção comum, tão fortes e violentos são às vezes os contatos e as interferências.

Noutros casos, quando a corrente está estabelecida e funcionando em ordem e ocorre um rompimento por qualquer motivo, os médiuns ficam a descoberto, sujeitos a consequências imprevisíveis e sempre prejudiciais à sua saúde física e psíquica. Nesses casos o rompimento é uma brecha que se abre, por invigilância na corrente ou por insuficiência na proteção externa, e por ela irrompem imediatamente as influenciações negativas.

A formação da corrente é feita durante o trabalho, quando a situação o exige, desfazendo-se quando cessa a necessidade e recompondo-se quando ela volta a existir, tudo a critério do dirigente. Mas há ocasiões em que as circunstâncias a requerem, em plena eficiência, de princípio ao fim como, por exemplo, nos trabalhos efetuados em ambientes negativos ou envenenados fluidicamente ou saturados de resíduos psíquicos desarmônicos, não previamente eliminados.

Uma boa corrente é sempre garantia de um trabalho pacífico, harmonioso e eficiente.

**Observações:** Vejam desde a página 109, (Organização da Sessão) em diante as demais modalidades dessas especializações.

Nesses tratamentos Pasteur, entram em ação dois fatores distintos:

1º) os fluidos magnéticos animais veiculados pela corrente de mãos; e 2º) as vibrações de amor emitidas dos corações dos cooperadores diretamente para os perturbados.

Desta forma o doente recebe:

a) fluidos magnéticos animais pela corrente de mãos por meio do transmissor;

b) vibrações de amor diretamente dos corações dos operadores da corrente;

c) fluidos finos e mais poderosos captados do Alto.

A duração da aplicação individual depende do tempo que se pode dispensar a cada doente: cinco minutos é uma boa medida.

No P3-A, pode-se exigir diagnóstico médico antes do tratamento e nas altas os doentes voltam ao seu médico para exames de verificações de cura, dados estes que são anotados, desde o início, na ficha individual do doente.

## 4.5 - SESSÕES DE VIBRAÇÕES A DISTÂNCIA

### *ORGANIZAÇÃO DA SESSÃO*

Para os doentes ausentes, seja qual for a natureza de suas perturbações, aconselhamos esta modalidade de sessões.

**Direção:** Um diretor, um auxiliar substituto, um médium de incorporação para receber instrutores.

**Corrente:** Um grupo de médiuns ou de cooperadores selecionados, aptos à concentração e emissão de fluidos reparadores para curas. Assim como um médium de efeitos físicos fornece fluidos para fenômenos do campo experimental, como materializações, transportes e outros, estes fornecem fluidos destinados a curas de perturbações diversas.

O número de cooperadores é ilimitado sendo, todavia, exigido rigor no selecionamento.

**Funcionamento**

1) Preparação prévia de ambiente com leitura evangélica.

2) Concentração para abertura.

3) Prece.

4) Leitura de nomes de necessitados e respectivos endereços. Se o número deles for grande, convém reuni-los em grupos de 10, 20 ou mais, numerar esses grupos e, ao em vez de nomes, enunciar os grupos pelos respectivos números.

5) Passar, em seguida, às vibrações coletivas pela paz, pela confraternização religiosa, pelas instituições assistenciais, pelos sofredores desencarnados, etc., a critério do diretor.

6) Palavra do mentor espiritual sobre o ato.

7) Concentração para encerramento.

8) Prece de agradecimento.

***Observações:***

Bom sistema para metodizar o trabalho será o seguinte: durante a semana examinar os doentes e fornecer-lhes talões numerados com o resultado da consulta e, no dia da sessão, fazer as vibrações pelo canhoto dos talões, ou pelas cópias em carbono.

— Essa sessão é privativa, somente devendo estar presentes os cooperadores selecionados.

— Deve ser feita todo o tempo com música apropriada, que facilita o recolhimento e a emissão de fluidos de amor e caridade em benefício do próximo, vindas do coração e não da mente.

Na FEESP, criamos esta modalidade de trabalho há muitos anos e atualmente conta ele com inúmeros cooperadores selecionados. As vibrações são feitas em ligação com centenas de outras instituições espíritas da capital, do interior, de outros estados e do estrangeiro, demonstrando os melhores resultados, sendo o trabalho feito para todas elas à mesma hora e dia.

Uma das suas maiores virtudes é levar aos Centros Espíritas e agrupamentos familiares um imenso potencial de força fluídica para ser aproveitada nos trabalhos de curas desses agrupamentos que, desta forma, ficam com suas possibilidades de curas muito aumentadas.

Para integrar-se nesse trabalho, basta enviar nome e endereço da instituição ou do agrupamento à Aliança Espírita Evangélica.

Como as vibrações podem ser feitas em pouco mais de meia-hora, podem constituir a primeira parte do trabalho prosseguindo a sessão com o restante do programa organizado para aquela noite.

Nos agrupamentos ou centros de pequeno movimento e de corrente fluídica insuficiente, mormente os do interior, essa sessão pode ser fundida com a de curas de perturbações materiais, cujo esquema está transcrito no item 4.4 deste capítulo, à página 115, fazendo a ela comparecer todos os doentes indistintamente, convindo, porém, separá-los em lugares afastados na sala da sessão, para que não prejudiquem a corrente de curas e a harmonia do ambiente.

Publicamos a seguir apreciações do venerável Espírito Bezerra de Menezes sobre este trabalho.

### *VIBRAÇÕES*

"Este é um trabalho pioneiro e podemos vos afirmar que, presentemente, em todo este imenso continente e ainda nos demais países deste orbe, é o desta Federação um dos agrupamentos melhor orientados neste setor de atividades.

A transcendência do trabalho foge ao vosso alcance, pois, às vezes, não desejais vislumbrar mais longe, ou vos acomodais, na condição de simples espectadores dos fatos.

Atraídos para tal realização da seara espiritualista, estão ao vosso lado centenas de núcleos espirituais, orientados diretamente por Ismael, preposto de Jesus no Brasil.

É mister esclarecer-vos que antes mesmo da realização desses trabalhos por vós, já haviam eles sido previstos, planejados e articulados no espaço, e que a direção desta Casa, perfeitamente sintonizada com o Alto, recebeu fielmente as nossas instruções e as retransmitiu e pôs em execução entre os trabalhadores de boa vontade.

É imprescindível, pois, que em cada um de vós haja a dedicação devida, para que possamos desenvolver paulatinamente este serviço, dando-lhe maior amplitude, que trará, por certo, consequências benéficas para vós e principalmente para o campo espiritual, onde as vibrações serão aproveitadas ao máximo.

Este trabalho de vibrações realiza-se no espaço da seguinte forma:

Os necessitados são divididos em quatro grupos distintos, a saber:

1º grupo – doentes que sofrem de enfermidades graves;

2º grupo – doentes, cujo estado não apresenta gravidade, mas requer alívio imediato;

3º grupo – doentes afligidos por males psíquicos;

4º grupo – lares que demandam pacificação e ajustamentos.

Para esses grupos são destacados quatro companheiros que exercem função de orientadores e que têm a seu cargo, conforme as exigências do momento, dois, três ou quatro mil colaboradores.

Cada um desses orientadores recebe a lista dos irmãos a serem beneficiados e respectivos endereços, os quais são atendidos individualmente. Temos, então, como vemos, um amigo espiritual para cada necessitado.

Às 18 horas, esses milhares de servidores espirituais já estão a postos nesse recinto, impregnando a própria atmosfera de elementos sutis e bênçãos curadoras.

Após as 19 horas, inicia-se o ingresso dos irmãos encarnados e à porta de entrada é destacada para cada um deles uma entidade espiritual que o acompanha até o seu lugar.

Ao se ouvir a prece cantada é que consideramos o trabalho iniciado, e no momento em que vossas almas se elevam junto a melodia, caem sobre vós, em abundância, elementos curadores e confortadores que o irmão encarnado retém em maior e menor quantidade, conforme a sua receptividade.

Iniciam-se então as vibrações que possuem, como já sabeis, cor, perfume e densidade e que são recolhidas em receptáculos distribuídos pelo salão.

O amigo espiritual que vos acompanha estabelece convosco uma corrente, mantendo-a em contato mútuo e constante até os receptáculos, que vão se enchendo e se iluminando rapidamente, ou não, consoante a capacidade vibratória de cada um.

Em seguida, entram em ação os trabalhadores dos quatro grupos já citados; exercendo o seu mister de conformidade com a necessidade, retiram do receptáculo a quantidade de elemento que precisam para suas tarefas, segundo o grupo a que pertencem.

A seguir, afastam-se para o cumprimento de suas obrigações.

Entram, após, grandes grupos, formados de 600 a 800 amigos espirituais, para as vibrações coletivas, durante as quais vibram também convosco os irmãos desencarnados que vos acompanham desde o início.

O que vemos então é um espetáculo grandioso: todo o ambiente se reveste de intensa luz e, ao vibrarem, os vossos pequeninos corações fazem o papel de um refletor e, então, iluminando e riscando o espaço vemos luzes das mais variadas tonalidades e intensidades e esses grupos de irmãos, com os braços estendidos para vós, recebem o presente carinhoso do vosso coração para ser levado aos mais distantes setores da Terra, enquanto que ao serem enumeradas as Fraternidades já estão de regresso de suas tarefas, perfilam-se os Espíritos à vossa frente, envolvendo-vos na carícia do Amor Fraternal. Por fim, quando o Espírito destacado para a exortação evangélica encerra o trabalho, de esferas mais altas jorram sobre vós as bênçãos do Amor do Pai, e ao vos retirardes, apesar de muito terem dado os vossos organismos físicos, retornais ao lar saturados de elementos revitalizadores em muito maior quantidade do que aquela despendida por vós.

Tudo isso, queridos irmãos, no pequeno espaço de tempo em que privais conosco nesse trabalho dignificante que são as radiações."

### *ASSISTÊNCIA ESPIRITUAL*

1) Perturbações espirituais ligeiras.
2) Idem mais avançadas, tipo obsessão.
3) Choque anímico para ação direta sobre obsessores.

4) Perturbações materiais de fundo espiritual.
5) Vibrações coletivas para doentes a distância.

***GRUPOS "PASTEUR"***

***Especializações***

Pasteur 1 – Perturbações materiais avançadas
Pasteur 2 – Perturbações espirituais avançadas
Pasteur 3 – Casos graves submetidos à ação direta do Plano Espiritual
Pasteur 4 – Assistência espiritual à criança de até 12 anos.

ESQUEMA

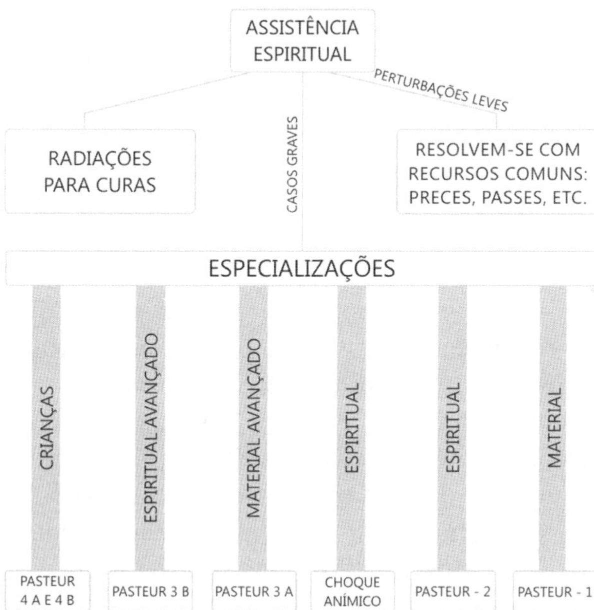


## 4.6 - SESSÃO DE DESENVOLVIMENTO MEDIÚNICO

Esta é uma sessão especial, de grande importância e responsabilidade, tendo-se em vista a relevância da mediunidade, chave do intercâmbio espiritual – para a propagação doutrinária no mundo.

Para esta sessão devem ser enviadas unicamente as pessoas cujo exame espiritual tenha acusado **mediunidade-tarefa em ponto de desenvolvimento**. Nenhuma pessoa, apresentando perturbação espiritual, mesmo havendo fundo mediúnico (como muitas vezes há), deve frequentar tal trabalho, mas sim as sessões de curas espirituais e, somente depois de devidamente equilibrada na sua organização psíquica, estará em condições de desenvolvimento, se houver mediunidade confirmada em novo exame.

É enorme o número de médiuns que se perdem porque, na fase pré-mediúnica das perturbações, não são submetidos aos referidos trabalhos de reequilíbrio e são remetidos, sem mais consideração, às aulas de desenvolvimento, onde desenvolvem aquilo que têm, isto é, perturbação psíquica e não mediunidade que, muitas vezes não existe, razão pela qual o frequentador, mesmo quando persevera meses e anos nenhum resultado obtém. Uma crassa ignorância impera por toda parte, a respeito de tão delicado e complexo problema doutrinário.

O desenvolvimento mediúnico é mais complexo do que à primeira vista parece, visto que exige esforços e atividades em quatro setores distintos e complementares como sejam:

1) conhecimentos gerais de doutrina;
2) conhecimentos especializados sobre mediunidade;
3) evangelização do médium pela reforma íntima compulsória;
4) treinamento das faculdades existentes, sob direção de pessoa competente.

Os conhecimentos dos dois primeiros itens podem ser obtidos teoricamente: o terceiro depende de esforço e programação próprios, e o último depende de frequência a trabalhos bem dirigidos, onde o traquejamento das faculdades seja feito em ordem e com rigor, sobretudo nos quatro pontos preliminares que são: a) a sensibilização aos fluidos; b) as aproximações; c) os contatos perispirituais; e d) o envolvimento. Somente após estar o médium senhor desses passos iniciais deve começar a receber as comunicações[21].

Resumindo, dizemos que o **desenvolvimento** se dá contemporaneamente nos três setores: no teórico, para aquisição de conhecimentos; no moral, para a evangelização; e no técnico, para treinamento das faculdades existentes.

---

[21] Para mais detalhes, consulte-se o livro *Desenvolvimento Mediúnico*, do mesmo autor, Editora Aliança.

## *ORGANIZAÇÃO DA SESSÃO*

**Direção** – Um diretor, um auxiliar, dois médiuns, sendo um para doutrinações, se houver, e outro para receber instrutores espirituais e, caso possível, um vidente.

**Funcionamento**

1) Concentração para abertura.
2) Prece.
3) Leitura de livros sobre mediunidade.
4) Comentários do diretor sobre o texto lido, esclarecendo sobre todos os pontos não suficientemente compreendidos.
5) Separação dos médiuns pela natureza das faculdades, sendo que os de escrita mecânica e escrita por inspiração devem ir para uma mesa adrede preparada, porém, situada no mesmo recinto.
6) Aos videntes será explicado que, à medida que ocorram, devem as visões ser descritas, nos intervalos das comunicações.
7) Aos de incorporação se explica que devem se entregar confiantemente às influenciações que sentirem, evitando os rumores e gestos inúteis.
8) Tudo estando pronto e havendo muitos médiuns aprendizes, o diretor abandona seu lugar à mesa e vai se colocando, de pé, atrás de cada um, lentamente, dando assim a todos oportunidade de realizar sua tarefa individual. Observando o que se passa com cada um, o diretor vai lhes dando, no momento, conselhos e instruções sobre como agir nos diferentes casos, bem como auxiliando também o esforço dos Espíritos desencarnados, porque esse trabalho de desenvolvimento é feito sempre com entendimento recíproco nos dois campos.

   É dispensável dar passes demorados sobre os médiuns, porque o desenvolvimento não deve ser forçado, e os protetores individuais e chefes de trabalhos no plano invisível estão sempre aparelhados para levarem o desenvolvimento a bom termo, segundo as regras mais perfeitas e justas, visando sempre a efeitos duradouros e benéficos; o mesmo não ocorre nos desenvolvimentos forçados como, por exemplo, nas sessões de terreiro, onde os médiuns são subjugados pelos Espíritos, quase sempre inferiores, que atuam nessas sessões, os quais agem violentamente sobre os frequentadores, forçando a incorporação de Espíritos por meio de práticas magnéticas e hipnóticas; essas práticas produzem sérias perturbações psíquicas e físicas nas pessoas vitimadas por esses forçamentos, levando-as muitas vezes até a obsessões incuráveis.

9) Terminada a fase da influenciação mediúnica individual, é dada a palavra ao mentor espiritual, para as recomendações e conselhos julgados oportunos.

10) Concentração para encerramento.

11) Prece de agradecimento.

12) O processo das **Cinco Fases**, exposto no livro *Desenvolvimento Mediúnico*, simplifica e resolve as dificuldades desse trabalho.

***Observação:***

Para o desenvolvimento de psicografia e vidência, há processos e recomendações especiais, como segue.

### *PSICOGRAFIA*

Sendo psicografia verdadeira, isto é, escrita mecânica, segundo a qual os Espíritos se apoderam do braço do médium e este ignora o que vai escrever, o desenvolvimento tanto pode ser feito em casa, em sessões combinadas com o Espírito comunicante e com os necessários cuidados de controle e vigilância, para evitar interferência como nas sessões dos Centros ou grupos espíritas familiares.

Nesses agrupamentos, colocar o médium a uma mesa, dentro da corrente, muni-lo de papel e lápis e aguardar que o Espírito comunicante realize o seu treinamento.

O médium não precisa estar concentrado todo o tempo; basta que se **concentre para receber** e em seguida convém, mesmo, que permaneça alheio ao trabalho do Espírito, limitando-se unicamente a auxiliar a este, substituindo as folhas de papel, o lápis, quando a ponta deste se quebrar ou gastar, etc.[22].

Terminado o exercício ou recebida a mensagem do Espírito comunicante e nada mais havendo, o médium, individualmente, faz a prece de agradecimento e passa a colaborar no trabalho geral, auxiliando as concentrações, as vibrações, etc., até o final deste.

Em se tratando, porém, de escrita meramente inspirativa, isto é, quando o Espírito não se apodera do braço do médium mas, unicamente,

[22] Nos primeiros passos do treinamento recomendamos ao médium entregar o braço ao Espírito comunicante e ao mesmo tempo dedicar-se a uma leitura qualquer.

lhe transmite suas ideias, que o médium, em seguida, interpreta melhor ou pior, segundo sua própria capacidade mediúnica, e que a maioria erroneamente chama de intuitiva, neste caso, seja em casa, em sessão individual, seja em conjunto, nos centros ou grupos, o médium também será posto à mesa, tendo papel e lápis à disposição; concentra-se para receber e, quando sentir a atuação do Espírito, deve ficar atento para filtrar, no cérebro, o mais fielmente possível, as ideias recebidas.

Essa mediunidade é de mera transmissão telepática, não sendo propriamente psicografia, isto é, escrita mecânica: o Espírito transmite suas ideias e o médium as recebe telepaticamente e as escreve, desenvolvendo-as como lhe é possível, porém, sempre usando seu próprio vocabulário e sua própria redação e estilo. Nesses casos, quanto maior for a cultura do médium, mais perfeito e correto será o resultado do trabalho desde que, bem entendido, o médium seja fiel às ideias que receba e não enxerte ideias próprias, o que tirará o valor à comunicação.

### *VIDÊNCIA*

A faculdade de vidência espontânea, natural, quase sempre é demonstrada pelo médium desde a primeira idade. A vidência de prova, entretanto, pode surgir em qualquer época e, muitas vezes, repentinamente.

A primeira manifesta-se sem restrições, a qualquer momento, de dia ou de noite, muitas vezes com olhos abertos, ao passo que a segunda está vinculada a momentos determinados, sendo que os mais habituais são os que ocorrem durante as sessões práticas, individuais ou de conjunto.

O desenvolvimento dessa maravilhosa faculdade deve ser feito paralelamente com estudos esclarecedores a respeito de sua natureza e modalidades.

Desde que o médium possua conhecimentos seguros sobre o assunto, poderá realizar seus trabalhos de treinamento em sua própria residência, em horas determinadas, com assistência de um ou mais companheiros de confiança.

Nos Centros Espíritas, o vidente deve ser colocado na corrente e ir mencionando, nos intervalos, tudo aquilo que vê, descrevendo os quadros que lhe são mostrados pelos protetores espirituais, com fins de treinamento, e se projetam no seu campo de visão. Como esses quadros são quase sempre simbólicos, deve o vidente acostumar-se a interpretá-los de forma simples, segundo seu próprio entendimento, tirando dali os ensinamentos que comportarem e em cujo trabalho será fortemente auxiliado pela inspiração ou pela intuição. Ao mesmo tempo que desenvolve a vidência, o médium desenvolverá também a audição psíquica, porque essas duas faculdades são, quase sempre, complementares.

Essas sessões de desenvolvimento exigem uma programação rigorosa de estudos teóricos para se combater a lamentável ignorância que há por toda parte sobre os assuntos mediúnicos, malgrado a sua capital importância para a propagação do Espiritismo, porque a mediunidade, como já dissemos, é a chave do intercâmbio entre os dois mundos.

Em todas essas sessões deve haver, pelo menos, um terço de tempo dedicado ao estudo teórico da mediunidade que deve ser feito em escolas e cursos apropriados e dirigidos por pessoas competentes segundo as regras indicadas no livro *Desenvolvimento Mediúnico,* do mesmo autor. No desenvolvimento mediúnico, devem ser consideradas as aplicações sobre os chacras. Vide o livro *Passes e Radiações*, já citado.

## 4.7 - SESSÕES DE EFEITOS FÍSICOS

Exposta, assim, a organização dos trabalhos e sessões correspondentes ao Espiritismo religioso e filosófico vamos, agora, relatar sinteticamente, as sessões de efeitos físicos, concernentes ao Espiritismo científico, em sua feição demonstrativa e experimental.

Essas sessões, em geral, são feitas para satisfazer a curiosidade de muitos, mormente daqueles que, não estando ainda em condições de aceitar a doutrina nas suas exigências de ordem educacional e moralizadora, ali comparecem mas não recolhem resultados decisivos para seu esclarecimento e redenção espiritual, visto que essas sessões não possuem a virtude milagrosa de convencer ou iluminar consciências, coisa que somente a vivência evangélica, com suas provas e sofrimentos, pode fazer.

A finalidade dessas sessões, todavia, é provar aquilo que o Espiritismo afirma: demonstrar direta e objetivamente os postulados fundamentais da imortalidade da alma, vidas sucessivas, reencarnação, comunicabilidade entre encarnados e desencarnados, etc.

De modo que tais sessões têm grande importância e prestam relevante serviço, quando realizadas convenientemente, de forma a assegurar, pela autenticidade dos fenômenos, tais finalidades, sem esquecimento da parte moral.

Portanto, um dos cuidados a tomar será garantir a autenticidade e a clareza dos fenômenos, o que se consegue tomando duas medidas fundamentais: trabalhar com luz e utilizar médiuns capazes.

Essas sessões, pela sua própria natureza, proscrevem o misticismo.

Ao realizá-las, não agimos no terreno da fé, mas, unicamente, no das comprovações positivas. Por isso é que são clássicas, respeitáveis e irremovíveis as experiências de William Crookes, Notzing, Zöllner, Aksakof, Lombroso e outros, realizadas na Inglaterra, Alemanha, Itália e outros lugares no século XIX e que até hoje servem de exemplo em trabalhos dessa natureza.

## *ORGANIZAÇÃO DA SESSÃO*

— Um diretor, dois auxiliares destinados à fiscalização e controle dos fenômenos.

— Se possível, um grupo formado por pessoas previamente selecionadas, aptas a emitir fluidos para as manipulações.

— Um médium competente, de efeitos físicos, isto é, altamente capacitado a emitir fluidos orgânicos: ectoplasma.

— Um grupo de assistentes também selecionados e que pode ir sendo renovado periodicamente.

— Sobre uma mesa, em separado, material para uso dos Espíritos: cordas, fios, instrumentos musicais, jaulas de ferro, ou madeira, correntes, cadeados, balanças, termômetros, estetoscópios, megafones e outros, além de uma cabine, normalmente de pano, com um divã ou poltrona para descanso do médium.

## SESSÃO DE EFEITOS FÍSICOS

Se for possível, esse material deve ser marcado com massa fosfórica para facilitar o controle, nos casos em que se faça escuro.

— Um sistema de luzes vermelhas e azuis deve estar previamente instalado, podendo um interruptor ficar na cabine à disposição do operador desencarnado: os demais controles devem estar em mãos do grupo de auxiliares, que também se encarregam de fiscalizar os assistentes, não permitindo o porte de objetos estranhos e perigosos. Desde as primeiras reuniões realizar o trabalho com luz vermelha ou azul, de modo que todos os presentes tenham vista livre da sala, da assistência, da direção dos trabalhos e da porta da cabine.

— Entre esta e o grupo diretor deve haver um espaço livre para movimentação do operador desencarnado, bem como entre o grupo diretor e a assistência, quando houver.

— Para facilitar o contato dos Espíritos com os assistentes, pode-se adotar um dispositivo em meia-lua, conforme mostra o desenho da página acima, no qual os assistentes estão situados à esquerda de quem olha; mesa com objetos de uso e cabine, na parte superior; grupo de médiuns auxiliares, sistema iluminativo, aparelho musical e diretor, na parte direita, inferior, ainda existindo no centro largo espaço disponível.

— Esse esquema pode ser modificado à vontade desde, porém, que fique assegurada a autenticidade dos fenômenos por qualquer outro processo.**Funcionamento**

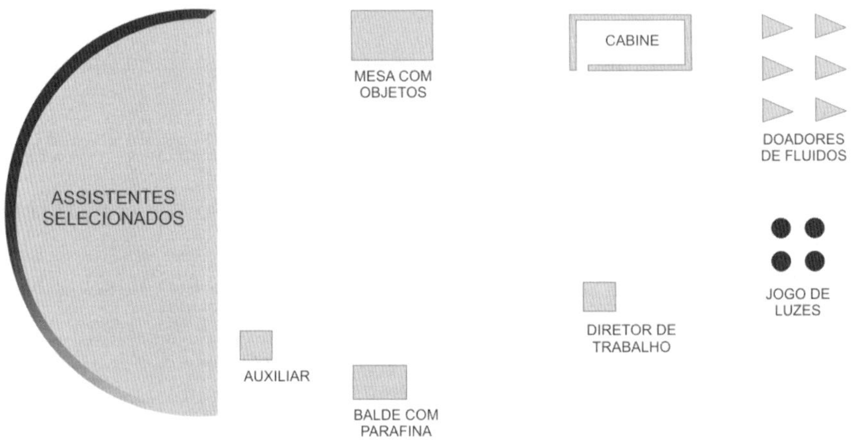


1) Concentração para abertura.
2) Prece.
3) Palavra ao mentor espiritual para qualquer último entendimento.
4) Música apropriada e conversação ligeira e serena entre os assistentes, sobre assuntos sérios.
5) Período das manifestações, durante o qual a luz colorida deve permanecer acesa.
6) O controle, que deve ter início desde os primeiros atos preparatórios, continua a ser feito com urbanidade e critério, sem imposições exageradas, sempre visando às comprovações que se tem em vista, e sem atitudes bruscas ou violentas que produzam interrupções no trabalho.

7) Esgotada a hora previamente estabelecida, dar novamente a palavra ao mentor espiritual para qualquer esclarecimento ou recomendação.
8) Concentração para encerramento.
9) Prece de agradecimento.

A luz não impede os fenômenos; o que realmente é preciso são fluidos em quantidade suficiente, e competência operacional por parte do grupo que trabalha no plano invisível.

Os faquires hindus produzem os mais difíceis e maravilhosos fenômenos em plena luz do dia e trabalham sozinhos, sem auxiliares, e nos Estados Unidos o mesmo ocorre, comumente nos templos espíritas e nos acampamentos públicos, periodicamente instalados em determinadas regiões do país.

Repetimos: tudo depende dos fluidos fornecidos pelos médiuns e da competência operacional. Nos casos, entretanto, em que ocorrem mistificações, é claro que, em havendo controle rigoroso, não há fenômenos, porque estes não podem mesmo existir.

O trabalho obrigatório com luz acesa justamente visa impedir as mistificações, tanto deste plano, como do outro. Porque muitas vezes são os próprios Espíritos desencarnados que simulam fenômenos. Em outros casos, fenômenos de uma espécie são aceitos como sendo de outra, mesmo quando não haja mistificação deliberada.

Por exemplo: é muito comum, nos trabalhos feitos no escuro, ver-se um objeto levantar-se no ar e passar por levitação quando, na realidade, é o próprio médium em transe que, com suas mãos, ou subindo em cadeiras ou mesas, movimenta o objeto referido.

Mesmo quando o médium esteja em transe e haja uma incorporação, mesmo assim há equívoco, porque não se trata de uma levitação mas de um simples fenômeno de incorporação, que não se classifica como efeito físico.

A luz acesa evita essas coisas e esta é a razão pela qual insistimos na sua adoção.

Entretanto, sendo irredutível a oposição por parte do médium ou dos Espíritos em trabalhar nessas condições, concorde-se em apagar as luzes nos trabalhos iniciais, até que os operadores ganhem maior habilidade ou segurança e, logo que for possível, volte-se ao controle da luz acesa.

A intransigência nesses casos pode impedir o prosseguimento dos trabalhos e muitas vezes a relutância dos Espíritos em relação a essa exigência é devida à falta de habilidade deles ou de força operacional[23].

## 4.8 - SESSÕES MISTAS

Essas sessões são as mais comuns, principalmente no interior e caracterizam a mais de 80% das atividades da propagação doutrinária, tanto nos centros como nos grupos familiares. A razão disso é que o reduzido movimento e os recursos desses agrupamentos não comportam a criação de sessões especializadas, como as que temos até aqui descrito.

Nessas sessões, faz-se tudo em reduzido tempo a saber: preces, leituras com interpretação evangélica, estudos doutrinários, doutrinação de sofredores, desenvolvimento mediúnico, curas e passes, fluidificação de água e, às vezes, até mesmo efeitos físicos.

À mesa sentam-se normalmente os seguintes: o diretor do trabalho, um ou mais médiuns de incorporação, destinados a receber os protetores espirituais; médiuns em desenvolvimento; outros médiuns já desenvolvidos; frequentadores ou visitantes; médiuns para as curas ou passes; eventualmente, a pessoa encarregada de leitura e interpretação de textos evangélicos ou, às vezes, de realizar alguma palestra especial.

A assistência acomoda-se nos lugares apropriados.

É o tipo de sessão que mais facilidades oferece aos frequentadores, porque estes ali recebem um pouquinho de cada coisa e vão, sem perda de tempo, esclarecendo-se nos diferentes aspectos do Espiritismo, conquanto sem poder se aprofundar em nenhum; outra vantagem (para os frequentadores) é que ali, também, podem tratar de seus interesses materiais ou pessoais, porque o ambiente de mais intimidade, que se forma em sessões de reduzido número de assistentes, permite a manifestação de Espíritos familiares que, sem vacilações, penetram nesses problemas de pequena ou nula significação para o progresso espiritual dos assistentes, quando estes não levam na devida conta o imperativo da reforma íntima.

Para essas sessões nos Centros Espíritas, sugerimos o seguinte esquema de trabalho:

Sempre que possível, que haja duas mesas, sendo uma menor, destinada ao diretor do trabalho, um auxiliar encarregado dos comentários ou da palestra do dia e um médium de incorporação; e outra, maior, para os

[23] Essa exigência de luz só deve ser suprimida quando ocorrem fenômenos luminosos que são, em parte, prejudicados pela claridade.

demais médiuns e cooperadores.

As razões disto são as seguintes: 1) o diretor encarnado dos trabalhos precisa manter-se ligado com o Alto para poder polarizar as forças inspirativas; os fluidos, muitas vezes pesados, dos ocupantes da mesa, sempre prejudicam essa ligação; 2) isento de interferências, o diretor, com mais segurança, pode assegurar a disciplina e a eficiência do trabalho, mesmo porque a ignorância generalizada existente sobre os complexos problemas da mediunidade e da Doutrina em geral dá margem a que façam parte da mesa pessoas vítimas de perturbações de toda ordem; 3) a sessão, assim organizada, ganha mais austeridade e eficiência porque se melhora sua estrutura que fica desta forma estabelecida: mesa de direção, grupo de médiuns e auxiliares e, por último, a assistência.

O diretor do trabalho que coloque na segunda mesa os médiuns e auxiliares encarregados das curas, dos passes, que são obrigados, por isso, a se movimentarem, quebrando assim a corrente; desta forma a corrente base da mesa de direção permanecerá íntegra e estável, com grandes vantagens para a disciplina, a ordem e a eficácia dos trabalhos em geral.

**Funcionamento**

1) Tudo em ordem e em seus postos, o diretor convida à concentração para a abertura.
2) Prece.
3) Leitura e interpretação do texto estudado para o dia, ou qualquer um, ocasionalmente escolhido.
4) Vibrações de curas para doentes ausentes.
5) Passes e vibrações de cura para doentes presentes e fluidificação de água cujo vasilhame deve ter sido posto, anteriormente, sobre a mesa.
6) Exercitamento de médiuns em desenvolvimento.
7) Doutrinação de Espíritos por esses médiuns ou outros, já desenvolvidos.
8) Palavra do mentor espiritual pelo médium adequado, que se senta à mesa de direção.
9) Concentração para encerramento.
10) Prece de agradecimento.

***Observação:***

No capítulo 6, damos um esquema de trabalho semanal com o respectivo calendário.

# 5

# Recomendações Úteis

***1 - PRÁTICAS DE TERREIRO***

Os cultos africanos, que se expandem consideravelmente por toda parte, sobretudo nos países latino-americanos, onde a escravidão existiu e que, no Brasil, têm caráter sincrético e grande popularidade, são fenômenos sociais de transição que interessam a uma população ainda não estável, de posição etnográfica ainda não definida.

A essas faixas populacionais, representadas pelos núcleos menos favorecidos da sociedade, esses cultos satisfazem plenamente, por efeito de afinidades psíquicas e sentimentais e pelas facilidades de compreensão e de prática, mas, sobretudo, pelo conforto moral que oferecem na sua vivência difícil, defrontada por dificuldades inúmeras, nos campos da saúde e do desconforto físico.

Neste período que estamos vivendo esses cultos, tanto material como espiritualmente, desempenham um papel relevante que não deve ser subestimado, inclusive porque indiretamente concorrem a que se radiquem na alma do povo e muito embora de forma defeituosa e precária, algumas noções de espiritualidade, como sejam: a reencarnação, o carma, a caridade e o intercâmbio entre os planos etéreos e o nosso mundo denso.

Dentre os hábitos inconvenientes e viciamentos que devem ser abolidos no Espiritismo citaremos alguns, simplesmente como exemplo.

**2 - EXIGIR O NOME DO ESPÍRITO COMUNICANTE**

Esta exigência é reprovável, porque a identificação pessoal deve ficar a critério do Espírito e, raramente, surgirá a necessidade de ser revelada.

Por outro lado, esta exigência propicia mistificações ora de médiuns, ora de Espíritos; se estes forem Espíritos de responsabilidade, habitualmente não darão nome, mesmo quando se deixem identificar por outros meios, inclusive pela vidência; mas se forem Espíritos inferiores, aproveitarão a oportunidade para ludibriar os encarnados, dando nomes pomposos, de figurões que já viveram na Terra, ridicularizando assim o diretor dos trabalhos e a assistência que, não possuindo meios de conhecer a verdade, passarão a acreditar piamente no que eles disserem.

A regra é esta: não se indague nomes, mas analise-se o que o Espírito diz ou faz, porque, **se o fruto for bom, boa será também a árvore**. No caso, porém, de o próprio Espírito declinar um nome, que alegue já ter sido o seu em encarnação anterior, ficará então na obrigação de apresentar as necessárias provas, caso isso lhe seja exigido.

### *3 - CRER CEGAMENTE NO QUE DIZ O ESPÍRITO*

Acreditar cegamente em tudo quanto o Espírito diz ou recomenda que se faça, é erro crasso. Este hábito, além de reprovável é perigoso porque, tratando-se de Espírito inferior ou maldoso, aproveita-se ele da ignorância e da boa fé dos incautos para satisfazer vícios seus, maus desejos, ou malévolos intuitos, quando não ocorre simplesmente o desejo de mistificar ou fazer galhofa.

Pelo fato de se darem alguns como protetores do centro não se segue que se trata de Espíritos sábios, bondosos ou hierarquicamente elevados. Um grupo formado por pessoas ignorantes e de sentimentos inferiores, só pode atrair, como protetor, um Espírito de semelhante natureza, pelas leis de afinidade, e somente quando esse grupo se esforça, estuda e progride, é que logra obter protetores mais responsáveis.

O Espiritismo não é doutrina de fanatismo, mas, ao contrário, religião rigorosamente racional, que manda guardar a fé, porém, baseada na razão, no raciocínio, na lógica dos fatos, nas convicções geradas pelas realidades. Nada de fé cega, nada de dogmas fechados, de leis de **crê ou morre...**

Quando o Espírito faz qualquer declaração ou dá qualquer instrução, devemos analisar suas palavras, cotejá-las com as realidades e com os postulados doutrinários, sobretudo com os ensinamentos do Evangelho; tudo quanto se afastar disto, destoando do que se sabe representar o verdadeiro Espiritismo, deve ser rejeitado ou, no mínimo, posto de quarentena, para futuras comprovações.

### *4 - MISTICISMO EXAGERADO*

O misticismo que faz com que as sessões tomem o caráter de um culto fúnebre e misterioso, no qual os guias e protetores são considerados personagens sobrenaturais e atemorizantes, deve ser abolido.

No Espiritismo não há misticismo; os Espíritos são seres como nós, somente habitando, no momento, esferas de atividades diferentes; com eles, podemos conversar, discutir, trocar ideias livremente, sem descambar, é claro, para a desatenção, o desrespeito, a falta de cortesia e de amor cristão.

Muitos deles, mesmo quando se dizem guias, precisam ser doutrinados, pois demonstram desconhecer aspectos, às vezes os mais simples e primários, dos conhecimentos doutrinários.

Por isso é que, ao doutrinar sofredores, devemos sempre generalizar o ensino porque este, em certos casos, pode ser ao mesmo tempo sofredores, protetores, auxiliares e pseudoguias.

### *5 - PROTETORES À DIREITA...*

— "Fulano de tal, com a graça de Deus, que permanece à direita do aparelho..."

Esta declaração não tem a menor significação e se torna, além disso, ridícula. Tanto faz que o Espírito protetor fique à direita como à esquerda, atrás ou à frente do médium. O que se quer dele não é saber onde está colocado, mas ver como atua e auxilia os trabalhos.

O melhor será não declinar o nome nem a posição onde está e colaborar eficazmente ajudando a todos, orientando e instruindo.

### *6 - VERBALISMO*

Falar muito, empregando **chapas** que se repetem constantemente e acabar por não dizer nada que se aproveite, eis outro hábito condenável, mas muito comum.

Os Espíritos superiores falam pouco e, quando se estendem, defendendo dados, temas ou pontos de vista, produzem frutos preciosos no campo do esclarecimento ou da evangelização.

O falatório inútil e vazio é próprio de Espíritos ou médiuns irresponsáveis ou mistificadores que tomam o tempo, enfadam e não concorrem para a melhoria espiritual de ninguém.

Devem ser advertidos pelo diretor dos trabalhos, o qual determinará preces em benefício deles, para seu próprio esclarecimento.

Entretanto, há também presidentes de mesa, auxiliares ou visitantes, que assim procedem; não possuindo conhecimentos, falam à-toa, malbaratando o tempo e enchendo os ouvidos alheios de palavreado vazio de sentido.

Em geral, são ignorantes e pretensiosos guindados a funções ou cargos para os quais não estão habilitados.

Sempre que possível, convém afastá-los, mesmo quando exibam fumaças de oratória, selecionando cooperadores modestos, porém, mais produtivos e úteis.

### *7- MÉDIUNS AGITADOS*

São aqueles que batem mãos e pés, bufam, gemem, contorcem-se, gritam, etc., durante o trabalho.

Três circunstâncias podem provocar essa agitação:

a) Vício do médium – pode ser corrigido com autossugestão do próprio médium, ou advertências do diretor do trabalho.

b) Vício do Espírito comunicante; a mesma providência do diretor do trabalho e, caso não seja acatado, vibrações em contrário, no ato da incorporação.

c) Desnível nas afinidades vibratórias entre os dois perispíritos. Nesse caso pedir providências ao mentor espiritual desencarnado e melhorar a harmonia da corrente. Em qualquer dos casos, é fenômeno de ocorrência passageira.

### *8 - PRECES LIDAS*

Alguns diretores de trabalhos leem nos livros preces às vezes muito extensas, que repetem sempre e acabam por decorá-las, mecanizando-as e dando margem a que percam todo valor espiritual.

As preces não exigem literatura; são atos ou impulsos espontâneos do coração; por isso devem ser curtas e sinceras e proferidas com o emprego de palavras singelas.

### *9 - ORDEM PARA ESPÍRITOS SE INCORPORAREM*

Também é costume os diretores designarem, no momento, os médiuns que devem **receber** ou determinarem aos Espíritos que se incorporem em dado médium ou, ainda, passem de um médium para outro.

São práticas desaconselháveis, que devem ser evitadas porque, em se tratando de Espíritos inferiores, eles obedecem às nossas ordens, forçando a mediunidade, sem cogitar das consequências; com esses Espíritos, nosso intercâmbio deve ser o mais passageiro possível, porque o que devemos almejar são os contatos com Espíritos superiores que possam nos instruir e nos elevar para Deus.

Não nos cabe dar ordens aos Espíritos desencarnados, mesmo porque a maioria dos diretores de trabalhos até mesmo ignora as condições de vida e as leis que regem as atividades desses Espíritos nos seus planos de vida espiritual. Por outro lado, eles nunca estão à nossa disposição para fazerem o que desejamos; quando assim procedemos, forçando as coisas, ficamos sujeitos a erros ou mistificações.

Para que se deem as incorporações, são necessárias afinidades vibratórias que nem sempre se estabelecem pela nossa simples vontade e, quando há forçamentos, eles produzem nos médiuns inúmeros desequilíbrios psíquicos e orgânicos que os prejudicam no prosseguimento de suas dignificantes tarefas.

Por causa desses forçamentos (aliás muito comuns) é que os médiuns no ato de receber Espíritos, estrebucham, contorcem-se, batem pés e mãos e demonstram por muitas formas o desequilíbrio fluídico que então se estabelece. Esses forçamentos, sendo continuados, terminam por produzir obsessões muitas vezes incuráveis, como é o caso em certos trabalhos de terreiro, que são completamente dominados por Espíritos inferiores, portadores de fluidos pesados, que subjugam facilmente os médiuns inexperientes[24].

Nos trabalhos espíritas, nunca devemos nos afastar da decência, da austeridade, da disciplina, da ordem, da elevada expressão espiritual, que são próprias dos trabalhos de fundo evangélico, em que se busca esclarecer as almas, purificá-las e levantá-las para a espiritualidade superior.

### *10 - AUTORIDADE DIRETORA*

Quem manda nas sessões, via de regra, são os diretores encarnados e não os Espíritos desencarnados; estes devem colaborar, sujeitando-se ao regime que for estabelecido, o qual, como já temos visto, deve ser o que a prática doutrinária recomenda e não unicamente o que for sugerido por algum diretor de trabalhos incompetente, ou médium dominado por supostos guias que agem de má-fé. O desvirtuamento que está ocorrendo nas práticas exige todos esses cuidados por parte das diretorias dos Centros Espíritas.

### *11 - HEGEMONIA DE MÉDIUNS*

Outro erro pernicioso é este de os médiuns tomarem conta das sessões e só se fazer o que eles determinam. Esse hábito é tão arraigado que, quando falta o médium, suspendem a sessão, chegando ao ponto de alguns Centros Espíritas serem fechados porque o médium não quis mais trabalhar, ou mudou-se, ou desencarnou.

Fique bem entendido que o médium é simplesmente o agente do intercâmbio entre encarnados e desencarnados, e que esse intercâmbio pode haver ou não haver em dado momento, sem prejudicar em nada a realização das reuniões espíritas.

Já vimos que a finalidade principal do Espiritismo é a **reforma moral dos adeptos** e, para essa reforma, o intercâmbio não é indispensável, como

---

[24] Quando dizemos Espíritos inferiores, nem sempre estamos nos referindo a Espíritos maldosos, porque na hierarquia espiritual "inferiores" são também os **Espíritos ignorantes**.

indispensável também não é o médium que o assegura. Esse trabalho de reforma é todo feito no campo interno e não depende de médiuns.

Conquanto respeitável e intensamente utilizada, a atividade mediúnica não é a finalidade principal do Espiritismo, mas, secundária, e pode haver ou deixar de haver em dado momento sem impedir, como dissemos, a realização do trabalho. Para preces, meditações, vibrações, porventura são os médiuns necessários? Não são. Portanto, a atuação dos médiuns nas sessões não é tão imprescindível como se pensa; imprescindíveis são os trabalhos evangélicos, visando à reforma íntima e a esta todos os médiuns e, principalmente eles, devem ser submetidos rigorosamente, deixando, até mesmo, de lado por certo tempo, caso seja necessário, o trabalho mediúnico, para se aperfeiçoarem noutro campo, visto que não passam de pecadores como os demais.

### *12 - ABERTURA E FECHAMENTO PELOS GUIAS*

É comum se ver que, quando se vai abrir a sessão, havendo vários médiuns, todos os protetores desses médiuns, um a um, repetem as palavras de abertura, o mesmo acontecendo no encerramento.

Isso é prática inútil e ridícula. Tanto a abertura como o encerramento competem ao diretor encarnado do trabalho, não sendo absolutamente necessário que o mesmo seja repetido pelos referidos **protetores**, cujo papel nunca deve ser de direção ou exibição, mas, simplesmente, de colaboração. Diretor basta um, mesmo quando não seja, unicamente, por uma questão de método, ordem e disciplina de trabalhos.

### *13 - IMAGENS*

Figuras de cera, barro, porcelana, vidro, madeira e, agora, de plásticos, bem como quadros pintados representando santos, deuses e gênios e que são adorados tanto pelos cultos primitivos de terreiro, candomblés, macumbas e feitiçarias, como por algumas religiões antigas de feição mundana e dogmática, são cultos supersticiosos de idolatria e que, por isso, não devem ser usados pelos espíritas.

Não ignoramos que a imagem, a estampa, o objeto usado no culto facilitam a concentração e tornam o ato mais objetivo e, de certa forma e momentaneamente, se tornam úteis; como também não ignoramos que, por exemplo, a prece direta, abstrata, simplesmente mental, torna-se difícil para muitos, acostumados a fazer preces decoradas ou lidas. Tudo porém depende de compreensão, de hábito e de educação espiritual.

### *14 - RETRATOS*

Quanto a retratos, gravuras e litografias, tanto de trabalhadores da doutrina já desencarnados, como os que representam o Divino Mestre Jesus Cristo, podem ser usados, discretamente, sem caráter de culto, sem sentimentos deificantes ou adorativos, fugindo sempre da idolatria perniciosa.

### *15 - SÍMBOLOS E AMULETOS*

Os símbolos são utilizados pelos Espíritos não só no terreno técnico mental, como no da educação espiritual dos discípulos, mormente na ideoplastia (projeção de quadros mentais) nos trabalhos de vidência, como também, em sentido mais social, na designação de associações culturais, beneficentes, de socorro e elevação, nos diferentes planos do espaço.

Podem, pois, ser usados, em termos, discretamente e após cuidadosa análise, para se evitar o abastardamento de trabalho espiritual, reflexões sociais pejorativas para o movimento espírita e situações vexatórias para os próprios espíritas.

Quanto aos amuletos, não convém serem usados porque alimentam superstições.

Apesar de recomendados pela magia branca e negra como condensadores de força fluídica benéfica ou protetora, ou como atos de invocação permanente de entidades, santos e gênios desencarnados são sempre crendice dispensável.

Aos espíritas basta a assistência de Deus, por meio dos bons Espíritos, que nunca abandonam ou se negam a ajudar os necessitados; como possuem, ainda, o recurso maravilhoso da prece, que deve ser utilizado como poderoso meio de ligação com o Alto, para o recebimento de auxílio, quando necessário.

De alguma forma, as preces justas e sinceras nunca deixam de ser atendidas.

### *16 - ROUPAGENS RITUAIS*

Também não pertencem às práticas do Espiritismo e, por isso, não devem ser usadas, por desnecessárias.

São utilizadas nos terreiros e em alguns cultos exóticos de criação particular, como propaganda ou ostentação, sob a alegação ou necessidade higiênica ou da uniformidade.

Mas nenhuma dessas alegações convence; a higiene é sempre necessária; mas, se o adepto está carecendo dela, ao chegar para o trabalho, mesmo que vista uma túnica branca, continuará sujo por dentro; e, quanto à segunda alegação, dizemos que a uniformidade exterior não interessa no caso, mas sim a interior, na forma de pensamentos elevados, sentimentos puros, equilíbrio e harmonização fluídica.

Todavia, nos trabalhos de passes e de curas, quando se lida com o público, uma túnica limpa de isolamento é aconselhável.

Quando médiuns, dirigentes ou Espíritos **protetores** utilizam imagens, roupagens, velas, defumadores, etc., trata-se de trabalhos estranhos ao Espiritismo, que não devem ser frequentados, a não ser por aqueles que ignoram a doutrina verdadeira ou, então, por aqueles que são adeptos conscientes desses cultos supersticiosos e retardadores.

### *17 - DEFUMAÇÕES*

São muito usados os defumadores nas sessões do terreiro e nas casas particulares, porém seu uso é contraproducente porque os responsáveis pelos maus ambientes domésticos normalmente são as próprias pessoas que ali residem; um pouco mais ou um pouco menos de fumaça cheirosa, em nada modifica os sentimentos desses responsáveis. Por outro lado, esses defumadores atraem Espíritos e entidades inferiores, habituados às sessões onde esses defumadores são utilizados. E em relação aos Espíritos bons seu uso é absolutamente inócuo, nenhuma influência exercendo na sua permanência ou ausência nesses lugares.

### *18 - MÚSICA E CANTO*

Diversos trabalhos espíritas, para maior eficiência, se beneficiam de música apropriada como, por exemplo, o de vibrações para curas, o de efeitos físicos e outros.

A música apropriada não será, naturalmente, a música mundana, fútil, criada para a dança e o lazer, como também não será aquela que expressa ou estimula sentimentos animalizados, mas sim a música serena, a melodia suave que enleva o Espírito e o transporta às esferas celestiais, a música harmoniosa cujas vibrações correspondem às dos sentimentos elevados de fé, amor e alegria.

A chamada música sacra, em geral, também se ajusta aos trabalhos espíritas, formando ambiente, afastando os Espíritos de suas preocupações angustiantes, dulcificando os corações amargurados ou endurecidos.

Para preparar ambiente, saturá-lo de vibrações elevadas, apaziguar os corações, para ajudar a emissão de fluidos, para tudo serve a música, conquanto não represente um ato ritual, mas simplesmente preparatório e auxiliar, nos trabalhos espíritas.

Nas reuniões ou atos públicos e piedosos do espaço, é a música utilizada amplamente como alto elemento inspirador e de deleite espiritual, conforme constatamos pelas obras que descrevem a vida nessas esferas felizes.

### *19 - NASCIMENTOS, CASAMENTOS, DESENCARNES*

Já dissemos que o Espiritismo não é religião organizada, que possua um culto exterior, cerimônias e ritos.

Há Centros Espíritas que realizam cerimônias para os atos acima citados, porém isso é um erro. O máximo que se pode admitir é o seguinte:

**Nos nascimentos** – pode ser feita uma comemoração, realizando-se preces em benefício do êxito dos esforços que o Espírito encetará nas provas que vai enfrentar.

**Nos casamentos** – da mesma forma tem cabimento uma reunião congratulatória, pela união de duas almas que, juntas, vão lutar pela constituição do lar, pela bênção dos filhos, pela vitória do Espírito, fazendo-se preces para que as fraquezas da carne, as tentações do mundo e as durezas das provas não as abatam e o amor verdadeiro, que vem do Espírito imortal, purifique seus sentimentos, dignificando suas vidas.

**Nos desencarnes** – pode-se fazer uma reunião na residência familiar ou fora, em benefício do Espírito que termina sua prova, realizando concentrações e preces para sua readaptação e repouso espiritual.

No cemitério, qualquer dos presentes pode, se o desejar, tomar a palavra e falar a respeito da ilusão da morte e da eternidade da vida, mais que tudo visando à propagação doutrinária e o esclarecimento dos presentes não conhecedores da Doutrina.

Qualquer outra cerimônia ou conceituação desses atos são desaconselháveis e ultrapassam os limites recomendados pela Doutrina.

### *20 - REUNIÕES INFANTIS*

Essas reuniões podem ser: doutrinárias e culturais.

#### a) Doutrinárias

É o chamado catecismo espírita. Muito raramente se encontra alguma obra doutrinária infantil que, realmente, preencha suas finalidades, isto é, transmita às crianças ensinos espirituais de uma forma acessível e dosada às suas mentalidades em formação.

Entretanto, podemos recomendar esse ensino na forma de historietas bastante simples, versando temas também simples e assemelhados a circunstâncias e fatos da vida humana comum.

Nada que represente complexidade ou exija esforços mentais, que as crianças não possam ou não devam fazer.

Essa instrução deve ser dada por pessoa competente, habituada à educação infantil, capaz de formular por si mesma essas historietas.

Alguns livros editados ultimamente, na forma de contos infantis e versando temas doutrinários, podem servir de base a essa instrução[25].

Podemos aconselhar os seguintes: *Contos Infantis Espíritas; História de Catarina; História de Maricota; Os Filhos do Grande Rei; O Caminho Oculto; Mensagem do Pequeno Morto; João Vermelho, A Sementeira Cristã*, de Clóvis Tavares, as lições de catecismo de Eliseu Rigonati e outros.

**b) Culturais ou comemorativas**

Essas reuniões têm caráter literomusical e se destinam a comemorações de datas ou homenagens a vultos exponenciais do movimento espírita mundial.

A colaboração da criança deve ser bem organizada, constando de declamação, diálogos e recitativos, representações teatrais ligeiras, etc.

Deve-se fugir dos programas muito longos e cansativos; pouco e bom – eis a regra mais acertada.

Nesse particular podemos aconselhar a adoção de peças teatrais, muito simples, bem como trabalhos bem revistos e perfeitamente adaptados aos fins que se têm em vista nessas festividades infantis.

***Observação:***

O Departamento da Criança e da Juventude da Federação e da Aliança Espírita Evangélica vem se dedicando ao estudo de métodos adequados à doutrinação de crianças e jovens; tem promovido reuniões, seminários, cursos de férias e outras medidas destinadas à formação de um sistema completo e atualizado de educação religiosa espírita, já possuindo vasto cabedal de experiências e de resultados práticos e racionais que recomendamos.

Com os trabalhos desses departamentos podemos dizer que a enorme lacuna existente, até há pouco tempo neste setor educacional espírita, acha-se agora preenchida e métodos adequados já estão prontos a serem postos em ação, com perfeita segurança quanto aos seus bons resultados.

[25] Como exemplo citamos a obra didática *Evangelização Infantil*, desta Editora.

### *21 - RELIGIÃO ESPÍRITA*

Conquanto se admita que a feição mais nobre e mais elevada do Espiritismo é a feição religiosa, todavia é mister se absterem seus adeptos da realização de práticas que deem aos trabalhos espíritas caráter de culto exterior. A doutrina não tem ritos nem cerimônias; nenhuma organização hierárquica sacerdotal. Conquanto seja religião e religião no seu aspecto mais profundo e mais elevado, todavia não é uma **religião organizada,** mas de renovações íntimas.

Tanto condenamos os que negam ao Espiritismo o caráter religioso, batendo-se pela conceituação científico-filosófica, o que seria enclausurá-lo em gabinetes e laboratórios de meia dúzia de investigadores, como os que, exagerando ou copiando instituições já existentes, querem fazer dele um culto exterior religioso de caráter público, com hierarquia sacerdotal organizada.

Religião do povo, racional, sem ritos, sem pompas, sem culto externo, eis o que é, ou o que deve ser, na realidade, a Doutrina dos Espíritos.

### *22- PROFISSÃO DE FÉ*

Já é hora de reagir no sentido da elevação.

Vamos arrancar o Espiritismo dos contatos inferiores das manifestações, realizando as práticas elevadas que levam ao esclarecimento e à evangelização do povo, deixando em plano secundário a satisfação dos interesses de ordem material; vamos colocar uma barreira entre a doutrina e as práticas inferiores, para preservá-la de contaminações, desvios, abastardamentos.

Com essas medidas estaremos cooperando poderosamente para que o Espiritismo cumpra na Terra a sua tarefa de Paracleto e Consolador, conforme a misericordiosa promessa daquele que é o Caminho, a Verdade e a Vida.

Para encerrar, julgamos útil transcrever o artigo a seguir, publicado em *O Semeador*, de fevereiro de 1954:

### *ORTODOXIA*

"Preliminarmente convém que dois termos sejam entendidos: ortodoxia e heterodoxia.

Ortodoxo é todo aquele que permanece nas coisas, não se move, não evolui, não muda, não se arreda do ponto em que está; é conservador intransigente. As religiões dogmáticas são ortodoxas. Enquanto todas as coisas evoluem e mudam, pois que a vida é mudança constante, o ortodoxo não muda, permanece sempre o mesmo.

Heterodoxo, ao contrário, é o que aceita as mudanças, analisa-as, incorpora-as, evolui com as coisas e não se deixa estratificar, congelar em determinado ponto, irremovivelmente. Ao invés de rígido – é dúctil, transigente, suscetível de evolução.

O Espiritismo por sua própria essência e finalidade é heterodoxo, conquanto no seu seio existam confrades duma e doutra categoria. Os ortodoxos não aceitam nada fora da Codificação; acham que na Codificação está tudo o quanto é necessário para o aperfeiçoamento e a redenção do homem encarnado, enquanto que os segundos são mais flexíveis, aceitam tudo o quanto seja acrescentamento útil, complementação, desdobramento dos conhecimentos codificados.

O Espiritismo não revela verdades originais ou definitivas, atualizou-as, codificou manifestações, conceitos e fatos já revelados, popularizando conhecimentos já existentes e as desdobrando. Examinando o assunto nos seus três setores conhecidos verificamos que, no primeiro, Kardec declarou que ou o Espiritismo seria científico ou não sobreviveria. Como ciência deveria ele então ser ortodoxo? Imóvel? Não, porque a ciência é extremamente mutável; dia por dia incorpora conhecimentos novos que ultrapassam e revogam os mais antigos, repudiando hoje o que aceitou ontem, descobrindo sempre coisas novas e mais avançadas. Logo não é ortodoxa mas, muito ao contrário, é francamente mutável e progressista.

No Espiritismo filosófico, não disse que a doutrina é evolucionista, devendo incorporar as verdades novas que mais tarde surgissem?

E pelo Evangelho, que é a base moral da Doutrina poderá ela ser estática, imutável? Também não. Jesus ensinou verdades de aplicação universal, mas não imutáveis no ato. No Sermão profético, por exemplo, disse muito claramente que não poderia ensinar todas as verdades naquela ocasião, mas que futuramente mandaria o Paracleto, o Espírito de Verdade, que ensinaria coisas novas, mais apropriadas a uma humanidade mais evoluída.

O Espiritismo é o Cristianismo redivivo; prega e ensina todas as verdades que o Mestre deixou e mais ainda muitas das que ele prometera enviar mais tarde. Doutra parte não está ensinando todas as coisas, porque o progresso da humanidade, se foi grande no setor intelectual, é bem precário no setor moral e ainda não merece conhecer todas as verdades. Se Espíritos desencarnados de categoria elevada, desses que são mentores nossos, instrutores nossos, responsáveis pela orientação espiritual do nosso país e do mundo, eles mesmos declaram que não conhecem muitas coisas e ainda estão muito afastados das esferas vibratórias divinas, que dizer de nós pertencentes a uma humanidade onde o mal predomina, onde as virtudes rareiam e os sentimentos são ainda tão animalizados? Como admitir estabilização em uma humanidade tão atrasada, tão necessitada de evolução e de progresso? Pelo que querem alguns ortodoxos mais radicais, nada mais é preciso ensinar ou esperar além daquilo que se sabe ou que pôde ser revelado na Codificação – o que é um contra-senso porque é o mesmo que querer deter as rodas do carro da evolução.

Onde pois estão as bases da ortodoxia, se a doutrina, pelos seus três aspectos revelados, se apresenta francamente evolucionista?

A Codificação deve representar a estrutura, o esqueleto da doutrina, e os acabamentos do edifício são os conhecimentos que nos foram transmitidos depois e que continuam a sê-lo. Todas as obras que estão vindo e aquelas que ainda virão pelo tempo adiante, antes que o processo do transcurso do milênio termine, representam a evolução da doutrina oferecendo ao mundo conhecimentos dia a dia mais avançados. Emmanuel, André Luiz, Bezerra, além de muitos outros, são artífices devotados do acabamento do grandioso edifício.

O Espiritismo é doutrina de redenção, mais avançada do que qualquer outra e traz ao mundo conhecimentos que já podem ser assimilados; enquanto a ciência atinge os cumes das descobertas revolucionárias da era nuclear, o Espiritismo oferece os conhecimentos também revolucionários da vida interna e da vida sideral, reveladas com detalhes, sem mistérios – sem superstição e sem dogmas.

O espírita acima de tudo deve ser um discípulo que diariamente busca aumentar sua compreensão, absorver verdades novas e realizá-las no plano coletivo em bem do próximo e por seu amor."

# 6

# Esquema Semanal

Para facilitar a organização dos trabalhos nos Centros Espíritas damos aqui, unicamente a título de exemplo, um esquema de trabalhos práticos para uma semana.

Os Centros Espíritas não devem estar fechados, só abrindo um ou outro dia da semana, para os quais estejam marcados trabalhos; devem estar abertos todos os dias, mormente no período da noite, das 19 ou 20 horas em diante.

O Centro, de uma certa forma, é o templo dos Espíritos e para ali é que eles se dirigem quando necessitam de esclarecimentos, socorro ou assistência de qualquer natureza.

Por outro lado, o Centro devendo atender a inúmeras necessidades de seus frequentadores, não pode fazê-lo somente em um ou dois dias da semana; o melhor seria distribuir o trabalho por vários dias, segundo a sua natureza, o que facilitaria o concurso dos cooperadores, como também aumentaria sua eficiência, porque poderiam eles tratar de cada assunto por vez, com maior espaço de tempo e mais sossego.

Mesmo quando não haja, propriamente, uma sessão a realizar, deve haver, no mínimo, reuniões para vibrações em benefício do próximo; todavia é certo que sempre há informações a prestar, passes a fazer, estudos a realizar, providências a tomar, tudo isso justificando a abertura diária dos Centros nas horas prescritas.

E acrescente-se mais o seguinte: estando o Centro aberto todos os dias, aumenta o número de frequentadores, porque muito mais numerosas oportunidades são oferecidas, não só aos moradores do local, como até mesmo aos forasteiros.

Assim sendo, eis o esquema que sugerimos para os trabalhos da semana e que pode ser modificado à vontade, segundo as conveniências locais, o número de frequentadores, a capacidade dos diretores e a boa vontade dos cooperadores.

Para este esquema tomamos por base um Centro Espírita de bairro ou de cidade do interior, com frequência média de 100 pessoas.

### *CALENDÁRIO SEMANAL*

| | | |
|---|---|---|
| 2ª feira 19:30 às 20 hs | Passes individuais ou coletivos | Pública |
| 2ª feira 20:30 às 22 hs | Sessão de Estudos Doutrinários | Pública |
| 3ª feira 19:30 às 20 hs | Passes individuais ou coletivos | Pública |
| 3ª feira 20:30 às 22 hs | Sessão de Curas Espirituais | Privativa |
| 4ª feira 19:30 às 20 hs | Passes Individuais ou coletivos | Pública |
| 4ª feira 20:30 às 22 hs | Sessão de desenvolvimento mediúnico e doutrinação de Espíritos | Privativa |
| 5ª feira 20 às 21 hs | Sessão de vibrações a distância. A essa sessão devem comparecer todos os doentes em tratamento | Privativa |
| 6ª feira 19:30 às 20 hs | Passes individuais ou coletivos | Pública |
| 6ª feira 20:30 às 22 hs | Sessão de consultas espirituais | Pública |
| Sábado 20:30 às 22 hs | Sessão de estudos evangélicos com leitura e interpretação | Pública |
| Dom. 20:30 às 22 hs | Palestras sobre doutrina e uma parte lítero-musical, quando possível | Pública |

**Observação:**

Na impossibilidade de realizar todas as sessões aqui aconselhadas, nos dias em que não houver sessão, poderão ser feitas vibrações em reuniões íntimas, entre os próprios diretores do Centro, após os trabalhos de passes, conselhos e orientações, que sempre devem ser dadas ao público.

As consultas espirituais, a que se refere o trabalho de sexta-feira, devem ser dadas por Espíritos protetores por meio de médiuns de incorporação merecedores de confiança.

# *Mediunidade de Prova*

Conferência realizada na FEESP em maio de 1943

*Ao Espírito desconhecido que tanto tem colaborado para que nosso trabalho comum frutifique; para que possamos levar a bom termo nossa tarefa comum de solidariedade humana, nas luzes do Cristo...*

# 1

# *Seus Aspectos*

Desviemo-nos agora destas questões de aspecto sociológico para voltar ao importante problema da mediunidade.

Já sabemos que a mediunidade é problema complexo no que se refere a suas manifestações e aspectos podendo, por isso, ser encarada sob vários pontos de vista.

Quanto à sua razão de ser, todavia, afeta somente dois aspectos que são fundamentais e originalmente opostos, a saber: ou é prova de adiantamento do Espírito ou marca de retardamento. Em outras palavras: ou é faculdade própria do Espírito, conquista sua, quando já adquiriu possibilidades maiores, quando atingiu graus mais elevados na escala evolutiva, ou é capacidade transitória, de emergência, obtida por graça, com auxílio da qual o Espírito pode apressar sua marcha e redimir-se.

No primeiro caso o Espírito, já convenientemente evoluído, é senhor de uma sensibilidade apurada que lhe permite vibrar normalmente em planos superiores sendo a faculdade puramente espiritual. No segundo caso foi fornecida ao médium uma condição física especial que lhe permite servir de instrumento aos Espíritos desencarnados para suas manifestações.

Conquanto os efeitos sejam, nos dois casos, mais ou menos semelhantes, diferentes são as causas e diferentes os valores qualitativos da faculdade.

No trabalho anterior *Contribuição ao Estudo da Mediunidade*[26] já encaramos a primeira destas modalidades; vamos agora, se bem que ligeiramente, tratar da segunda.

O Espírito ao encarnar-se, já trazendo em seu programa a missão mediúnica, recebe um corpo físico apropriado o qual, desde a matriz, sofre as adaptações necessárias – mormente no campo do sistema nervoso cerebral – que é afinado para vibrar ao contato das radiações perispirituais.

Por outro lado, como já dissemos, todo Espírito tem um tônus próprio, uma vibração e luz próprias, que variam segundo suas características morais; quando pois o Espírito, ao encarnar, se prende aos ligames do corpo físico, passa a irradiar através deste uma gama, vamos dizer, somática, glo-

[26] Este texto está incorporado no tratado *Mediunidade*. (Nota da Editora)

bal, destes característicos, radiações estas que formam o que comumente se chama – aura individual. Como resultado, pois, do processo de adaptação sofrido pelo corpo físico e de sua interpenetração pelas radiações áuricas individuais adquire o médium um grau determinado de sensibilidade que lhe permite sentir, mais ou menos intensa ou amplamente, as impressões do plano hiperfísico.

# 2

# Consequências da Afinidade

O segredo das afinidades mediúnicas reside pois nas qualidades dessa gama somática, no grau ou na qualidade da sensibilidade orgânica possuída pelo médium, no tom, vamos dizer assim, em que a harpa humana foi afinada.

A Terra é um mundo inferior e os Espíritos que aqui vêm forçosamente comparticipam dessa inferioridade, salvo raras exceções.

E os médiuns não se excluem dessa regra geral mas, muito ao contrário, dão-lhe maior evidência.

A mediunidade da maioria, portanto, sendo uma marca de inferioridade, de retardamento, de imperfeição, indica que esses médiuns possuem tonalidade baixa, vibração lenta, luz vaga e imprecisa, sensibilidade grosseira somente podendo, em consequência, obter afinidade com elementos de igual espécie e condições, isto é, com forças e entidades de planos inferiores. Decorrentemente o intercâmbio que por eles se estabelece com essas forças e entidades é de valor espiritual inferior ou, na melhor das hipóteses, medíocre.

E por isso é que os médiuns de alto valor são raros.

Se dividirmos os médiuns em três categorias correspondentes a três valores qualitativos veremos logo que os de primeira categoria, isto é, os bons, são raros; os da segunda, médios, são comuns e os da terceira, maus, são maioria.

Essa é também a razão porque a mediunidade de prova traz consigo esse cortejo doloroso de perturbações físicas e psíquicas que lhes transforma a vida muitas vezes em longo martírio.

E ainda a razão porque a faculdade não é, na maioria dos casos, estável, permanente, mas flutuante e alternativa, demonstrando altos e baixos, épocas de atividade intensa e épocas de estagnação mais ou menos prolongada.

E nem podia deixar de ser assim, porque esta mediunidade de prova em si mesma, como já vimos, não é estável mas transitória, e outorgada ao Espírito por tempo determinado para determinado fim.

Os próprios guias desses médiuns e mesmo de grupos de trabalho possuem qualidades correspondentes, estão em igualdade de condições, muito embora no desempenho de missões úteis e na posse, como é natural, de um certo adiantamento ou superioridade sobre aqueles que protege ou auxilia; como auxiliares de entidades mais elevadas, que dirigem agrupamentos mais amplos, cumprem assim seu dever e obtêm por esse modo oportunidade de a seu turno se melhorarem e evoluírem.

Daí o inconveniente de se confiar sistematicamente e cegamente nos guias, sem o emprego criterioso da razão e sem se levar em conta as diferenças que decorrem das desigualdades dos planos em que atuam uns e outros.

# 3

# Ambientes Bons e Ambientes Maus

Esse novo problema exige também providências: tanto médiuns como diretores de trabalhos práticos devem todos se esforçar para alçarem-se acima desses ambientes e dessas forças de inferioridade. Para os médiuns principalmente decorre a necessidade inadiável e imperiosa de se instruírem e se aperfeiçoarem moralmente, a fim de poderem vibrar em planos melhores e obter afinidade com Espíritos evoluídos a cuja sombra também mais depressa evoluirão.

Quanto aos adeptos em geral o que lhes cumpre fazer é se afastarem dos centros de atividade inferior ou perniciosa buscando atmosferas mais arejadas, que lhes ofereçam oportunidade de progredirem espiritualmente, fugindo da estagnação, da ignorância, da superstição e sobretudo do veneno das radiações más.

A solução do problema espiritual, não estando fora do indivíduo mas nele mesmo, a frequência a sessões práticas não é obrigatória mas facultativa, nem imprescindível mas simplesmente útil, como um elemento a mais de estudo, observação e saturamento pessoal por forças espirituais; quero dizer que é aconselhável a frequência a sessões desde que se trate de ambientes honestos, espiritualizados, que possam oferecer alimento são ao Espírito necessitado de progresso.

❁

Desta forma o Espiritismo será melhor praticado e compreendido, seus resultados serão mais benéficos na evolução de cada um e as manifestações mediúnicas ganharão aspectos novos, mais elevados e dignos.

Porque, infelizmente, o que vemos em grande número de comunidades não é bem isso, mas coisa diferente: uma prática de rotina em ambientes de restrições; uma profunda incompreensão da missão dos médiuns e evidente ignorância e mau emprego de suas preciosas faculdades; grupos que trabalham em ambientes por si próprios criados e sobremaneira materializados e que nisso permanecem irredutivelmente, obedecendo cegamente, sem o menor exame, a determinações de guias muitas vezes suspeitos; cada grupo estabelecendo para seu uso praxes e ritos desaconselháveis, mesclados de superstição religiosa, que favorecem a manifestação de entidades inferiores, que viciam e perturbam os médiuns ao invés de os aperfeiçoarem; cada grupo se isolando em seus próprios destinos, quase sempre se recusando a atender conselhos e orientação dos mais autorizados.

Não quero dizer, é claro, que este seja um mal geral nem tampouco que se estabeleça uma prática uniforme, padrão, pois a esse respeito já demos nossa opinião, mas digo que ainda há um grande número de centros desviados da verdadeira finalidade e compreensão espíritas e que assim perdem um tempo precioso na realização de coisas muitas vezes banais e fúteis quando poderiam aproveitá-lo melhor conduzindo francamente os trabalhos num sentido elevado e, sobretudo, impessoal, que imediatamente viriam beneficiar grandemente tanto médiuns como assistentes.

É essencial, mormente para os médiuns, a sanidade da atmosfera moral que respiram, tanto nas sessões como nos próprios lares porque, como sensitivos que são, as influências ambientes exercem sobre eles forte impressão, e porque, reciprocamente, exercem eles também influência sobre aqueles que os rodeiam visto serem pólos de aglutinação e radiação de forças espirituais boas ou más, segundo suas próprias condições.

Cada um tem seu mundo, seu clima próprio de forças boas ou más e sua própria "entourage" de entidades desencarnadas. Quando entram em contato com outras pessoas transmitem-lhes radiações desse seu mundo individual e atuam duma forma correspondente ao grau, qualidade e natureza dessas forças e entidades.

Frequentando reuniões de caráter elevado os médiuns se beneficiam das influências ali predominantes que, por serem mais poderosas que as de seu mundo individual, dominam a este, reformando-o. Contrariamente, frequentando ambientes inferiores recebem deste as más influências predominantes, que se somam àquelas que já lhe são próprias.

Em todos os casos, portanto, é preciso fugir dos núcleos de atividades malsãs onde os Espíritos dos operadores e assistentes dos dois planos só produzem resultados prejudiciais e negativos.

# 4

# O Que Mais Importa

O que é preciso ter em vista em primeiro lugar é que o que mais importa não é a prática em si mesma mas os resultados, as consequências que dela podem advir para médiuns e assistentes; por isso deve ser abolido tudo aquilo que não for realmente útil e que não tenha em vista um fim elevado[27].

Por exemplo: não é imprescindível a doutrinação de Espíritos inconscientes, visando os indivíduos um por um, como costuma ser feita; esse trabalho serve, mais que outra coisa, para exemplificação, em caráter geral, de ensinamentos doutrinários.

Sempre houve Espíritos inconscientes e sofredores nos planos etéreos ao passo que a doutrinação individual como sistema é recente, pois veio do intercâmbio com os desencarnados no correr das sessões e dos exemplos apontados pela Codificação.

Anteriormente, pois, à codificação não haveria desses Espíritos? E se os havia não eram eles doutrinados? Ou desde o princípio do mundo permaneceram nesse estado aguardando que o sistema fosse implantado?

Claro que não. Todo Espírito após o desencarne tem quem o assista e nenhum realmente permanece na dependência direta dos que vivem na carne; e dos milhões dos existentes na erraticidade somente uns e outros são escolhidos segundo determinadas circunstâncias para receberem momentaneamente o auxílio espiritual da doutrinação em sessões espíritas, e isso justamente para permitir que um conhecimento maior e uma melhor compreensão de detalhes da vida espiritual e das condições morais do ser, sejam por esse meio fornecidos aos homens em geral.

---

[27] Considerando a importância do problema mediúnico, tão incompreendido pela maioria, a necessidade de realizar o desenvolvimento de faculdades com segurança, método e superioridade, resolvemos, nas sessões que para isso realizamos na Federação, às segundas-feiras, entregar o trabalho prático aos próprios Guias. Em uma atmosfera poderosa de forças vivas eles mesmos, incorporados, agem e fazem as doutrinações. Participando ao mesmo tempo dos dois planos – o físico e o hiperfísico – nada lhes escapa e com mais facilidades verificam as verdadeiras necessidades de cada médium e de cada Espírito comunicante. Dominam completamente o ambiente, exercem grande efeito moral sobre os médiuns, possuem completa autoridade e, por último, afastam toda possibilidade de mistificação tanto de médiuns como de Espíritos. Aconselhamos a todas as comunidades a adotarem este sistema de trabalho com o qual, estamos certos, muito terá A lucrar o Espiritismo em geral.

O que importa, acima de tudo, fora ou dentro de sessões é o aperfeiçoamento moral; tudo o mais é secundário: intelecto, riquezas, posições, convenções sociais, paixões religiosas, práticas e ritos de toda a natureza.

E note-se que para os médiuns de prova, que receberam esse recurso heróico como graça, o aperfeiçoamento é muito mais fácil porque eles estão, mais que quaisquer outros, metidos em um cadinho rubro onde entram em fusão, a temperaturas altas, os materiais diferentes que formam sua personalidade psíquica atual.

# 5
# Maior Responsabilidade

Nestes casos de mediunidade de prova os médiuns devem se esforçar para resolver seu problema espiritual em dois sentidos bem destacados a saber: no sentido individual e no coletivo. O primeiro exige a luta pela sua reforma moral imediata, a fim de poderem aproveitar a oportunidade que lhes foi dada de possuírem uma faculdade que muitos não receberam; o segundo exige o conhecimento da situação atual do mundo e a compreensão perfeita de sua missão mediúnica, para que possam consciente e deliberadamente colocar à disposição dos Guias, diretores do movimento espiritual e delegados do Senhor, todos os recursos e possibilidades que a faculdade, devidamente aperfeiçoada, pode oferecer.

Considerem que não receberam a faculdade somente para se purgarem de faltas anteriores, porque essa é a lei geral que a todos se aplica, através de sofrimentos e experiências que a vida reserva a todos, mas principalmente para colaborarem diretamente na obra grandiosa e sagrada da evolução do gênero humano.

E tanto maior será sua responsabilidade quando compreenderem que a faculdade que possuem é a pedra angular das manifestações espíritas e que, quanto mais perfeita e apurada for, mais elevadas serão essas manifestações e mais verdadeiros e perfeitos os ensinos que, através dela, podem os Guias transmitir.

# 6
# A Reforma

Porém, dirão: é muito fácil falar em reforma mas, na prática, como se poderá realizá-la?

Apesar de ser este um problema muito velho, uma preocupação de todos os tempos; o fundamento de muitas doutrinas religiosas e filosóficas; o ponto central da exemplificação do Divino Mestre, muitos ainda fazem a mesma pergunta, milhares a fazem, e não seremos nós que aqui unimos o nosso apelo à sua realização, e que também dela necessitamos, que iremos ditar regras e nos colocarmos presunçosamente na situação de mestre.

E seria mesmo uma tolice estabelecer regras para um esforço de pura introspecção individual e que deve ser realizado mais que tudo por intuição própria.

Só podemos dizer que, justamente, não há regras fixas, nem esquemas rígidos, nem processos determinados tratando-se, como se trata, de situações íntimas, ligadas ao próprio Espírito, à consciência profunda de cada um.

Há compêndios de filosofias e sistemas esotéricos que oferecem misteriosamente processos infalíveis mas, de mim, não creio que qualquer deles dê o menor resultado porque não se trata aqui de adotar processos e empregar regras mas de mudar sentimentos, de alterar o caráter moral e isso o homem só o consegue quando sua hora chegou e quando foi tocado no seu Espírito pelo fogo da redenção.

Mas o Espiritismo chama para a redenção e exige essa reforma; portanto, todos devem estabelecer sua vida em novas bases, organizar um programa simples e claro e tentar a reforma usando com toda a energia os poderes que lhe vêm do livre-arbítrio, que é vontade, inteligência e liberdade.

Dado um balanço interno em nossa atual condição moral e verificados os débitos e os créditos, esforcemo-nos por pagar os primeiros e agradeçamos a Deus a posse dos segundos.

Os débitos, como se compreende logo, são os defeitos, as falhas, as imperfeições do Espírito; os créditos são as virtudes que já conquistamos laboriosamente através de nossas vidas anteriores.

Os defeitos mais comuns, a saber: o orgulho, o egoísmo, a sensualidade, a inveja, a avareza, a ferocidade, são inimigos tenazes que devemos um por um combater e vencer; qualquer deles que se aninhe em nosso coração custar-nos-á lágrimas de sangue antes que possa ser dominado e expulso.

Mas temos que passar pelas provas e é melhor que o façamos por nossa própria deliberação, que obrigados pelos látegos do carma. Melhor que o façamos hoje que amanhã, porque o faremos como ato consciente de livre-arbítrio o que por si só já representa mérito.

E quando estiverem todos vencidos teremos automaticamente conquistado as virtudes correspondentes, flores da espiritualidade que, no amanhã de nossa existência, torná-la-ão bela e radiosa, nas inumeráveis moradas da casa do Pai.

Lutemos, pois, por conquistá-las.

E uma única regra, segundo parece, deve ser ditada neste salutar esforço de edificação própria: a de começar pelo menor para atingir o maior.

Levamos séculos para chegar a esta situação de hoje; séculos para conquistar tão pouca coisa no rol das benemerências representadas pelas virtudes dignificantes do Espírito, e não será por um gesto de malabarismo mental ou pelo simples desejo platônico de melhoria, que conseguiremos nos elevar a tais alturas.

Comecemos pois pelo menor, pelo mais acessível, pelo mais ao alcance das armas ainda rudimentares que possuímos mas, sejamos sinceros nesse desejo e tenazes nesse esforço.

Esse trabalho de repressão psíquica, iniciado no campo intelectual irá lançando raízes profundas no subconsciente; insensivelmente irá influenciando o caráter do Espírito e modificando-o irresistivelmente no correr dos tempos.

Desta forma prudente e segura iremos nos estimulando e fortalecendo com os resultados parciais e não teremos decepções desencorajadoras, porque a luta contra nossas paixões é terrível e só consegue vencê-las os que têm ânimo forte, vontade poderosa e fé, sobretudo fé, nas luzes e nas forças que nos vêm do Alto.

Vamos porém terminar.

O Espiritismo como doutrina de evolução e no campo de sua aplicação na vida humana, vai passar por transformações, acompanhando o progresso espiritual do mundo.

Haverá novas revelações e a predominância sobre a Terra de Espíritos mais adiantados.

Reformando-nos pertenceremos a essa humanidade nova; habitaremos um mundo renovado e viveremos uma vida perfeita.

Que meus pensamentos não sejam deturpados pela incompreensão ou envenenados pela maldade, mas devo dizer que, para conseguirmos isso, temos que alterar muitas coisas e tudo, desde já, deve caminhar por novos rumos com o seguinte lema: "Espiritismo – Com Espíritos Superiores".

# *Mediunidade - Tarefa*

# *Preâmbulo*

No livro intitulado – *Mediunidade* – estudamos a mediunidade em sentido geral, teórico, encarando o assunto nas suas correlações mais amplas com a espiritualidade.

No livro – *Desenvolvimento Mediúnico* – apresentamos métodos e práticas para o desenvolvimento racional e científico das faculdades psíquicas.

Neste de agora, focalizamos o médium face aos compromissos e responsabilidades da execução das tarefas sacrificiais no campo da coletividade humana.

Chamamos **mediunidade-tarefa** aquela que preenche os seguintes requisitos:

1) ter sido aceita antes da reencarnação, para ser posta, com desprendimento, ao serviço dos semelhantes.

2) ser aquela que no período do **desenvolvimento** oferece maiores garantias de eficiência, aproveitamento e estabilidade.

3) ser exercício como sacerdócio, sobrepondo-se aos preconceitos religiosos e sociais e outras injunções de caráter meramente humano.

Os médiuns que preenchem estas condições são aqueles que **executam as tarefas** e, desde os primeiros passos, manifestam espontânea capacidade de renúncia e sacrifício, porque possuem as sublimes virtudes da humildade e do devotamento. Resistem às adversidades com fé inquebrantável, não se desviam dos compromissos e executam seu trabalho com invariável fidelidade, inspirando assim confiança nos dois planos.

A maioria assim não procede: muitos utilizam a mediunidade como ostentação de privilégio engrandecedor; outros negam-se ao trabalho alegando dificuldades ou impedimentos domésticos ou sociais.

Somente os mais amadurecidos espiritualmente compenetram-se de seus deveres e executam a tarefa com amor, desprendimento e perseverança.

A estes pertencem as glórias do futuro espiritual.

São Paulo, dezembro de 1979

*O Autor*

# 1
# *Histórico*

No panorama movimentado e muitas vezes tumultuado do mundo e das crenças religiosas, não tanto nos seus ritos exteriores mas, sobretudo nas suas origens e fundamentos doutrinários, houve sempre uma figura que se destacou, exercendo papel de relevo, inspirando respeito e temor – o médium.

Ora tido como profeta, ora como adivinho, ora como santo ou taumaturgo; simples sacerdote devotado ao serviço de seu templo, ou solitário habitante de retiros inacessíveis, suas palavras, conselhos ou vaticínios eram sempre ouvidos com respeito e ansiedade, porque se referiam sempre a problemas indevassáveis ao conhecimento e à razão comum.

Falando a reis ou a maltrapilhos, era em obediência aos seus conselhos ou revelações que muitas coisas se faziam e a credulidade pública se firmava ou diluía; porque pela sua boca é que as revelações do mundo espiritual invisível se transmitiam aos homens e a cortina do desconhecido se levantava.

E se remontarmos ao passado, por mais longínquo que seja, vemos que a situação é quase sempre a mesma: os médiuns lá estão nos seus templos ou redutos isolados orientando, impulsionando, consolando, curando, servindo sempre de intermediários entre os vivos e os mortos, o visível e o invisível, nem sempre, todavia, se comportando no sentido do bem, com grandeza e desprendimento.

E hoje, examinando a situação como a vemos, não notamos diferenças fundamentais, conquanto o conhecimento das leis espirituais e da vivência nos dois planos, representem uma notável superioridade de caráter moral, devido às conquistas da ciência mas, sobretudo, à generalização dos ensinamentos evangélicos cristãos e das práticas espíritas, sobretudo em nosso País.

Nos tempos antigos os médiuns eram mais raros; a população da Terra era menor e a mediunidade era tida como privilégio de poucos. Mesmo não remontando muito longe e sem sair da linha doutrinária que culminou no Cristianismo, encontramos o trabalho iniciático das escolas de mediunidade, que funcionavam no recôndito dos templos e nas associações secretas orientais, entre gregos, egípcios, caldeus e hindus, com rigorosa exclusividade sacerdotal.

Na Palestina, ao tempo dos Juízes, havia escolas iniciáticas em Naioth, em Rama, que formavam médiuns destinados aos cultos de Jeová e na Idade Média, nos conventos, abadias e mosteiros, a mediunidade eclodia e era utilizada de forma secreta, visando os altos interesses da comunidade sacerdotal dominante.

Nos laboratórios de alquimia, camuflados de retortas, fornos e mistérios, lá estavam os médiuns que orientavam as pesquisas e concorriam para a mantença do intercâmbio entre vivos e mortos.

Os profetas antigos, como os adivinhos, videntes, pitonisas e sibilas eram simplesmente médiuns, algumas vezes dotados de excepcional valimento, como nos casos de Isaías, Jeremias, Daniel, João Evangelista, etc. e, mais de perto Nostradamus na França, e vários outros, em muitos lugares, dos quais os livros sagrados ou de história trazem inúmeras referências.

Nas escolas iniciáticas antigas, como em muitos casos ocorre também entre nós, nenhuma realização prática se obtinha que não fosse através da mediunidade.

Nessas escolas, quando não visam o intercâmbio com Espíritos desencarnados, como ocorre com o Espiritismo, e se dedicam mais que tudo ao desenvolvimento de poderes psíquicos, o que se obtém de prático ou positivo é muito pouco, ou quase nada que não seja pela posse de faculdades mediúnicas que, aliás, nem sempre recebem desenvolvimento adequado, terminando por se estiolarem ou degenerarem.

Por isso é que o Espiritismo leva vantagens positivas e amplas sobre outras práticas de ocultismo ou esoterismo em geral, porque visa diretamente o intercâmbio entre mundos recebendo, por esse canal, informações, conselhos e revelações de altíssimo valor para a evolução espiritual da humanidade.

Antes que o Espiritismo surgisse codificado, os médiuns eram personagens à parte, mal vistos, sem entrada nos meios sociais e tidos na categoria de bruxos, malfeitores, agentes das forças das Trevas.

Com a Codificação muita coisa melhorou e o mediunismo foi se tornando melhor compreendido e acessível sendo que, atualmente, generalizou-se por toda parte com notável rapidez, porque estamos nos avizinhando dos tempos preditos em que a mediunidade seria estendida a todos.

"Derramarei meu espírito sobre toda a carne", disse o Senhor.

Ainda no século XIX, à época da Codificação, os médiuns continuavam a ser considerados seres à parte, indivíduos perigosos dos quais a gente não deveria se aproximar sem um certo cuidado e esse conceito injusto ainda de certa forma perdura em meios religiosos dogmáticos, propalado maliciosamente por clericais, que têm interesse de combater uma doutrina como esta que ensina a desnecessidade de sacerdotes para nos dirigirmos a Deus.

Porém, de uns poucos anos para hoje tudo vem mudando rapidamente, o campo do mediunismo se tornando conhecido, acessível, livre de mistérios, graças aos fundamentos da Codificação e à publicação ulterior de obras especializadas, que permitiram a outorga de ensinamentos mais completos aos interessados, em escolas e cursos abertos e acolhedores em nosso Estado, onde a mediunidade é estudada em todos os seus fundamentos e aspectos, de forma direta e objetiva.

A mediunidade, como se sabe, é fenômeno de intermediarismo, que se manifesta em todos os planos da Criação, permitindo manifestações as mais variadas, tanto para o bem como para o mal, produzindo, por isso mesmo, resultados e consequências os mais variáveis e imprevisíveis.

Através de médiuns é que a Codificação pôde ser feita e por eles mesmos ela se consolidou cientificamente e se generalizou por toda parte cada vez com mais segurança, simplicidade e autenticidade nas referidas escolas e cursos atuais.

Como a maioria dos médiuns se compõe de Espíritos em prova, que receberam a tarefa mediúnica como auxílio para sua própria evolução, muito podem eles influir na vida dos encarnados pelo exemplo e pelo amor que demonstrarem aos semelhantes, como agentes também que são do Consolador prometido por Jesus podendo ainda, ao mesmo tempo, facilitar os trabalhos dos instrutores espirituais no encaminhamento dos seres humanos para as sendas retas, meritórias e sacrificiais da vivência evangélica.

Portanto, sempre pela mediunidade as revelações são feitas e seus benefícios espalhados, vindos do céu para as sombras escuras da Terra.

# 2

# A Situação de Hoje

Já dissemos que o Espiritismo trouxe revelações e ensinamentos mais claros, simples e objetivos sobre a mediunidade e sobre os médiuns; generalizou os conhecimentos e permitiu que o problema fosse retirado dos arquivos secretos da ignorância e do exclusivismo para a luz clara das escolas abertas e livres, tornando-se realmente popularizados; permitiu que os médiuns existentes por toda parte na mais funda ignorância pudessem se libertar, recebendo orientação adequada e gratuita, curados de suas obsessões terríveis, de seus temores, das suspeições de loucura e adquirindo prestígio público baseado não em superstições ou fanatismo, mas em conhecimentos pessoais e capacidade de ação benfeitora em larga escala.

Mães de família impossibilitadas de prosseguir nos labores domésticos; rapazes e moças classificados de neuróticos incuráveis; homens maduros postos à margem por não poderem sobrepor-se às angústias, atormentações e desequilíbrios nervosos e psiquícos de que se tornavam vítimas, todos encontraram nos médiuns auxílio eficaz.

À medida que a cortina foi se levantando, mostrando os inúmeros e desconhecidos aspectos dos problemas e que a mediunidade, como onda avassaladora veio vindo, penetrando em todos os setores das atividades humanas, esclarecendo e dirimindo dificuldades e impossibilidades e as casas espíritas foram se abrindo, acolhendo perturbados de toda ordem, o milenar e temeroso problema foi-se resolvendo caridosamente dentro do mais acendrado sentimento de fraternidade cristã.

De muito valeu ao tempo da Codificação, após a morte de Kardec, a contribuição prestada por cientistas de muitos países, que se manifestaram sobre os diferentes fenômenos psíquicos, autenticando-os, concorrendo assim para que a Doutrina fosse aceita e se generalizasse no mundo mas, passada essa fase, um longo período de quase um século transcorreu, durante o qual os progressos foram substituídos por inércia, acomodação, desviamentos e falta de desenvolvimento por parte de seus adeptos, perdendo-se assim tempo precioso transformado em retardamento evolutivo.

Nesse período, a Doutrina foi sendo hostilizada e emparelhada por crendices populares herdadas de elementos escravos, provindos da África e outros lugares, cujas crenças eram aqui permitidas com inteira justiça, mas que extravasaram, popularizaram-se também, e terminaram por se tornar hoje em dia correntes paralelas que dominam em extensas regiões do País, praticando cultos primitivos dos quais a mediunidade da mesma forma se apresentava como elemento de sustentação e de essencial valimento.

Essas crenças nos dias de hoje, pela grande aceitação que granjearam, transformaram-se em elementos a considerar na avaliação e no conhecimento do problema espiritual do País, que se apresenta em duas facetas bem definidas, a saber: a das correntes populares de menor expressão espiritualizante, que levam mais em conta os interesses materiais dos adeptos e sua vida imediata, e o Espiritismo, de feição científica religiosa bem marcante, que leva em conta a necessidade da transformação humana no campo moral e intelectual, visando o apressamento de sua evolução.

# 3

# A Mediunidade em Si Mesma

Os seres humanos vivem mergulhados em oceanos de energias diversas, cósmicas, classificadas em muitos teores, segundo suas propriedades calóricas, luminosas e vibratórias e seus poderes de penetração celular.

Já se conhecem o magnetismo, a eletricidade, os raios cósmicos infravermelhos, ultravioletas, ultrassom, laser, etc.

Em muitos casos as energias se apresentam na forma de ondas, cujo comprimento e velocidade variam enormemente, como variadas são também suas aplicações no campo da matéria densa.

Nem todos esses raios são percebidos pelos sentidos humanos comuns, conquanto todos exerçam poderosa e inegável influência sobre os organismos dos seres vivos, dos quais são muito variáveis a capacidade receptiva dos diferentes órgãos.

As células do olho, por exemplo, somente percebem raios de comprimento de onda compreendidos na faixa de 0,0004 a 0,0008 mm.

As células auditivas percebem, segundo a idade, 20 mil vibrações por segundo nas crianças, 15 mil nos adultos e 13 mil nos homens mais idosos.

Pois o que caracteriza a mediunidade é justamente perceber vibrações além dos limites normais, conquanto submeta-se também às afinidades, às ressonâncias, às sintonias mediante as quais os seres e as coisas reciprocamente se influenciam, segundo a tonalidade vibratória de cada um.

Assim, como há ressonância e sintonia física no campo material, há também fenômeno idêntico no plano psíquico e, quando a sintonia é recíproca, ocorre então o fenômeno da mediunidade.

# 4

# Mediunidade e Revelação

Como dissemos, pelos médiuns e na forma de revelações, é que fluem os ensinamentos destinados a orientar a evolução humana na Terra, sobretudo nestes dias difíceis em que fatores cósmicos, humanos e etéreos se precipitam para as decisões finais deste atual ciclo evolutivo, para assegurar os rumos exatos, a sequência justa dos acontecimentos que caracterizarão o transcurso do milênio.

Gradativamente, as revelações e as instruções vieram vindo, como ensinos verbais, nas sessões espíritas ou em mensagens assinadas por instrutores espirituais respeitáveis, abrangendo tudo quanto a esta hora pode e deve ser transmitido aos homens, para seu próprio governo, face aos acontecimentos deste período de transição.

Emmanuel, por exemplo, revelou ensinamentos úteis e oportunos sobre a evolução humana através dos tempos; exerce intensa atividade na orientação espiritual em nosso País e realiza obra muito fecunda na propagação doutrinária através de mensagens, instruções e livros de elevada significação espiritual.

Em setor diferente, mas complementar, André Luiz, Ramatis e outros instrutores conhecidos e admirados, vêm desenvolvendo aspectos inéditos e altamente objetivos da vida humana e da sua organização nos planos etéreos terrestres. Hoje em dia, graças a essa preciosa colaboração, já se possui da vida nos planos invisíveis mais adstritos à crosta terrestre onde nós, os encarnados, curtimos nossas provações abençoadas, conhecimentos detalhados, concretos, objetivos.

Com esses novos recursos e obras especializadas, tem sido possível estabelecer escolas e cursos de mediunismo, oferecendo aos médiuns em geral tetos acolhedores e proficientes e diretrizes seguras para suas vidas atormentadas e campos promissores de aprendizado evangélico, o que vale dizer, redenção para seus Espíritos.

Os sinos estão tocando alto, conclamando os homens para os acontecimentos previstos da passagem do milênio, que não será feita sem distúrbios violentos, porque as portas do céu, abertas por Jesus há dois mil anos, foram desprezadas e, a seu turno, voltarão a fechar-se para muitos, dando lugar ao cumprimento exato da lei da Justiça Divina, mediante a qual o Filho do Homem será o juiz para julgar vivos e mortos, que deverão passar pelo crivo dos condicionamentos evangélicos, conforme declararam os profetas antigos, os apóstolos e o próprio Divino Mestre.

Não se trata agora de manifestações fantasiosas pois os instrutores desencarnados, sob a orientação carinhosa de Ismael, que se dedicam ao movimento espiritual de nosso País, de algum tempo para cá vêm se referindo às atribulações e aos sofrimentos coletivos que se aproximam.

Nos tempos que restam e antes que os acontecimentos se precipitem, será pelas revelações mediúnicas, no intercâmbio entre os mundos, pela ação crua da Natureza, pelos cataclismos cósmicos e ainda pela participação humana em termos de violências e guerras, que os homens serão alertados, sacudidos e chamados ao aprisco celeste, sobretudo em nosso País, onde a luz brilhará mais intensamente para o mundo, devido ao fato de ser desde já considerado a futura Canaã e a Pátria do Evangelho.

No momento atual as pessoas mais sensíveis, as mais aproximadas da vivência evangélica e as Casas Espíritas em geral, todos estamos sendo mais que nunca avisados e hostilizados pelas forças negativas das trevas que tomam parte, como agentes ativos que são, na batalha espiritual entre a luz e as trevas.

As revelações mediúnicas agora estão sendo dadas mais claramente para que todos possam ouvi-las e entendê-las, tomem posição, atendam ao chamamento geral e definam-se ante o Evangelho cristão, enquanto podem fazê-lo por si mesmos em plena consciência e livre-arbítrio.

É preciso que criemos em nós mesmos uma mentalidade sacrificial, de desprendimento das coisas do mundo material, de devotamento aos nossos semelhantes menos esclarecidos, para que possamos suportar as vicissitudes futuras, fortificando-nos na fé, dedicando-nos ao bem universal, para transformarmos em realidade as esperanças que todos temos de uma vida melhor e mais feliz no futuro.

Esta é a hora das decisões irrevogáveis, sobretudo para os médiuns e todos aqueles que possuem uma parte, por mínima que seja, no compromisso coletivo da cristianização do mundo para sua definitiva redenção espiritual.

Ninguém melhor que os espíritas estão capacitados para agirem nesse sentido, porque professam uma doutrina que veicula conhecimentos mais avançados, que desvenda setores até aqui desconhecidos dos mundos espirituais situados além-túmulo. De modo algum os espíritas podem se manter indiferentes às modificações planetárias anunciadas através da mediunidade responsável, porque o Espiritismo veio justamente para renovar e desvendar novos conhecimentos; é o orientador espiritual dos homens nestes tempos difíceis, é o consolador nas dificuldades e sofrimentos, exercendo a caridade em plenitude e desprendimento; e como arauto altamente qualificado do cristianismo verdadeiro, prepara o homem para a vida e para morte de forma racional, sem superstições ou fantasias e com alto sentimento de fraternidade universal.

Os próximos tempos serão difíceis, avisam os Espíritos e todos devem se preparar para enfrentá-los à luz do Evangelho de Jesus.

Os sinos dos templos em todos os lugares tocarão, mas suas badaladas não soarão além do seu próprio alcance metálico no plano material, porque a Igreja de Cristo, eterna e universal, não acolhe senão aqueles que chegam às suas portas pelos caminhos do Evangelho, palmilhados em sofrimento, humildade, renúncia, sacrifícios, desprendimento do mundo e amor ao próximo e não por exterioridades.

Nenhuma virtude negativa ou convencional, nada que seja do mundo material, terá valor nessa Igreja onde o Divino Pastor aguarda pacientemente o regresso de suas ovelhas.

Nesses dias cruciais as Casas Espíritas devem estar aparelhadas para acolher as levas de irmãos nossos, atemorizados e sofredores e todas elas a essa hora devem ter se transformado em núcleos vivos da exemplificação evangélica e, dentro delas, serão os médiuns os transmissores mais autênticos da orientação, da consolação e da doação de esperanças novas para todos, desde que, também eles, desde já, se entreguem devotadamente à preparação de si mesmos, sobretudo na parte moral.

Enquanto no passado, nas catacumbas, os fiéis se reuniam em segredo para cultuarem a memória do Cristo sacrificado, agora, muito ao contrário, é à luz plena do dia e de portas abertas que as casas do Senhor exercem seu trabalho, acolhendo necessitados e transmitem os ensinamentos cristãos sem o menor entrave e em plena liberdade, o que aumenta enormemente sua responsabilidade perante o Divino Mestre, não permitindo qualquer negligência, sobretudo por parte dos médiuns, porta-vozes do Plano Espiritual.

Tanto a médiuns como a dirigentes pode-se dizer que não é necessário que se seja um luminar em pureza e sabedoria para que se execute uma tarefa de apóstolo; todos os que tiverem no coração a chama do amor pelo próximo, e o desejo espontâneo de servir, socorrendo, amparando, consolando ou esclarecendo, todos serão apóstolos do Divino Mestre, seus mensageiros, trabalhadores autorizados de sua seara.

Ser espírita não é arrogar-se um título exterior, uma marca de filiação sectária, mas, conhecer, difundir e exemplificar em todos os seus pensamentos e atos os ensinamentos do Divino Mestre, em espírito e verdade, isto é, não por palavras mas, por atos, respeitada a essência dos ensinamentos e não qualquer outra interpretação de caráter intelectual, meramente humano.

Se nos Centros Espíritas os dirigentes não forem competentes e sinceros em todos os sentidos, ou negligenciarem quanto à preparação dos médiuns em bases rigorosamente evangélicas; e se os médiuns, por falta de orientação ou por rebeldia ou personalismo, não estiverem à altura das tarefas e da exemplificação, na certa sucederá que os agentes das trevas se infiltrarão ali, apoderar-se-ão dos médiuns e por intermédio deles, fingindo-se de bons, dominarão as reuniões, imprimindo a essas comunidades infelizes diretrizes maléficas.

Os próprios médiuns, mesmo quando bem orientados, estão sempre sujeitos a influenciação desses agentes, bastando para isso que afrouxem por momentos a vigilância sobre seus sentimentos, pensamentos e atos, sendo então necessário reagir depressa, para restabelecer o equilíbrio íntimo e funcional que lhes assegura a conduta reta e digna.

Em sentido contrário, o médium competente, moralizado e suficientemente preparado, por si só pode modificar a orientação prejudicial porventura existente, polarizando para ali forças benéficas e sadias e o concurso poderoso de Instrutores de maior elevação espiritual.

Por isso a educação e a preparação mediúnica têm importância fundamental na condução dos trabalhos e na existência dos Centros Espíritas em geral.

Melhorados os padrões intelectuais e morais com a evangelização obrigatória e com a criação de escolas e cursos de preparação, os servidores passarão a ser sentinelas vivas do Cristo, impedindo a entrada dos agentes do mal, protegendo e orientando os que procuram nossas casas de trabalho para seu encaminhamento e redenção.

Mas como cuidar dessa preparação? É o que vamos ver agora entrando numa parte mais prática deste nosso estudo.

## EXAME ESPIRITUAL

Todos os candidatos são preliminarmente submetidos a um exame espiritual, para se verificar se de fato possuem mediunidade-tarefa. Neste exame examina-se a aura fundamental, a organização psicossomática: nervos, plexos, chacras e glândulas cerebrais. Este exame fornecerá também elementos de julgamento sobre as influências espirituais que afetarem o candidato.

## LIMPEZA PSÍQUICA

Em seguida, e como consequência do exame anterior, submete-se o candidato a trabalho de adaptação e cura espiritual, para restabelecimento do equilíbrio psicofísico.

Terminado este período, os candidatos são encaminhados à matrícula em escolas e cursos, a começar do Curso Básico, para obter conhecimentos primários da Doutrina, donde, como já vimos, sairá para as Escolas ou Cursos de Médiuns, Triagem Mediúnica, passando por último à formação moral na Escola de Aprendizes do Evangelho. Estes cursos podem ser feitos concomitantemente.

Na hipótese de não haver nas casas tais cursos ou escolas, nem poderem ser organizados, os médiuns novos deverão ser encaminhados a sessões comuns que, se tiverem caráter evangélico, podem oferecer algumas possibilidades de preparação primária sem, contudo, obterem os médiuns desenvolvimento completo e progressivo, além da simples manifestação das faculdades que possuem.[28]

[28] Veja livro *Desenvolvimento Mediúnico*, do mesmo Autor. (Nota Editora)

# 5
# Preparação do Médium

A vida dos seres que habitam este planeta obedece a um planejamento rigoroso do Plano Espiritual, considerada a lei do Carma e da Reencarnação.

Nesse planejamento a tarefa dos médiuns está prevista com destaque como receptores e transmissores das revelações do Alto, no trabalho do intercâmbio entre os dois mundos.

Nos programas estabelecidos para este fim de ciclo evolutivo, esse trabalho terá grande incremento porque mais que nunca se torna agora urgente e indispensável obedecer a essas revelações na forma de instruções e diretrizes traçadas para o momento.

Por outro lado, como agentes que são do Consolador prometido por Jesus, terão também os médiuns papel importante a desempenhar, amparando e orientando pessoalmente os seres humanos nos caminhos difíceis, cheios de tropeços e imprevistos que surgirão.

Para essa preparação os médiuns devem tomar preliminarmente firmes decisões e assumir consigo mesmos e com Jesus sérios compromissos de fidelidade, obediência e perseverança, não só na execução das instruções, como na luta árdua e incessante contra as forças das trevas, por serem eles os mais visados pela natureza mesma de suas atividades.

Não haja, pois, de parte deles, quaisquer ilusões de trabalho fácil ou de salvaguardas especiais em seu benefício salvo, é claro, a proteção espiritual que é dada a todos os trabalhadores e, mais que quanto a outros, para eles não haverá repouso.

Vejamos pois, o que a eles se refere.

Tomemos como demonstração um médium em potencial que procura uma Casa Espírita para receber orientação e ajuda.

Preliminarmente verifica-se se necessita de tratamento prévio para eliminação de perturbações que porventura houver, o que sempre ocorre. Feito isso inicia-se o processo de desenvolvimento mediúnico que evolui dentro dos seguintes itens:

1) conhecimento geral e resumido da Doutrina;
2) conhecimento especializado sobre mediunidade;
3) treinamento adequado de faculdades psíquicas;
4) purificação íntima pela reforma moral;
5) elevação do padrão vibratório.

Nos dias atuais os conhecimentos doutrinários teóricos e práticos já se desenvolveram amplamente com a criação das referidas escolas e Cursos, de forma que as casas ainda não bafejadas por esse progresso geral, sobretudo se não tiverem o escudo protetor das práticas evangélicas, concorrerão para que novos médiuns passem a engrossar a multidão que se estiola no primarismo ou se desvia para práticas inferiores, mesmo sem o desejarem, deixando assim de prestar à propagação da Doutrina seu valioso concurso.

Voltamos a analisar os 5 itens fundamentais da formação dos médiuns.

## 1 - CONHECIMENTO GERAL E RESUMIDO DA DOUTRINA

Nas sessões de desenvolvimento dos Centros Espíritas de organização precária, os conhecimentos a dar serão muito mais reduzidos, havendo maior preocupação com as práticas. Mas esses conhecimentos são indispensáveis para que os futuros médiuns não se revelem ignorantes, não só da doutrina, como da própria mediunidade, deixando de acompanhar e se beneficiarem dos progressos existentes nesse setor.

Hoje existem livros que tratam da mediunidade de forma elevada, teórica ou praticamente, formando médiuns completos, competentes habilitados a se conduzirem desembaraçadamente ante o público que solicita cada dia conhecimentos mais evoluídos.

É natural que se defrontando com um médium, os interessados julguem estar na presença de pessoa conhecedora da doutrina, apta a transmitir-lhes ensinamentos, conselhos e orientação à altura da época em que vivemos, onde o materialismo científico domina e existe um enorme interesse para o conhecimento dos assuntos espirituais.

## 2 - CONHECIMENTO ESPECIALIZADO SOBRE MEDIUNIDADE

Assim como um técnico qualquer conhece seu ofício, é senhor dos detalhes e minúcias de sua profissão, assim o médium, mesmo não sendo um profissional, deve ser senhor dos conhecimentos que lhe pertencem por força das faculdades que possui e que deve utilizar para o bem da humanidade.

Se até há pouco tempo o setor da mediunidade era pouco conhecido, por excessivamente nebuloso, sendo utilizado preferentemente no terreno da fé, imperando nele o mais generalizado arbítrio pessoal, hoje em dia, graças aos estudos e conhecimentos que vêm sendo conquistados, já se pode fornecer aos candidatos ensinamentos especializados, em bases mais ou menos seguras, com comprovações sistemáticas nas realizações práticas, desde, bem entendido que os Centros Espíritas se organizem para isso.

## 3 - TREINAMENTO ADEQUADO DE FACULDADES PSÍQUICAS

Os conhecimentos especializados referidos não devem permanecer no terreno da teoria, mas dependem de praticagem intensa, metódica e competente.

Mais que um técnico profano, o médium possui razões sérias para dedicar-se ao exercitamento de suas faculdades, porque age num campo já por si abstrato, em que rareiam as objetividades e, além disso, porque joga quase sempre com sentimentos alheios, sofrimentos alheios, necessidades alheias de todos aqueles que nele confiam para orientação, consolo e ajuda e, nos casos de possuírem maior capacidade, concorrem a fornecer ao Plano Espiritual dirigente do Planeta seguro veículo de manifestação ou transmissão de conhecimentos para nosso plano material grosseiro.

## 4 - PURIFICAÇÃO ÍNTIMA PELA REFORMA MORAL

Sabido como é que o Espiritismo tem como missão precípua e fundamental a reforma moral dos homens, indispensável à sua redenção, é indispensável que nesta fase do desenvolvimento, desde o início, a reforma íntima dos candidatos seja exigida obrigatoriamente e com rigor. Como essa reforma tem base no Evangelho de Jesus, os estudos e os esforços de vivência evangélica devem ser a meta dessa fase do desenvolvimento, desde os primeiros passos.

As exigências dessa reforma devem visar preferentemente:

**a) eliminação dos vícios.**

Fumo, álcool, drogas entorpecentes, glutonaria, etc. que prejudicam a organização física e a pureza fluídica do perispírito, muitas vezes impedindo o médium de agir junto de outras pessoas por exalar maus odores ou por possuir fluídos mórbidos transmissíveis.

**b) a repressão dos defeitos morais.**

Orgulho, egoísmo, vaidade, maledicência, inveja, ciúme, etc., que estabelecem sintonia baixa, dificultando a aproximação dos Espíritos desencarnados de categoria mais elevada, que são aqueles dos quais necessitamos nas condições de retardamento espiritual em que ainda nos encontramos.

**c) combate a paixões inferiores.**

Sensualidade, brutalidade, gula, impiedade, etc., que são reminiscências da vida anterior animal, atrativos constantes para a aproximação de entidades e forças de condição inferior.

Os médiuns que, por quaisquer motivos, não realizam, com o devido rigor, sua reforma íntima, podem executar algumas tarefas, por exemplo, as do campo dos efeitos físicos ou da propagação doutrinária, mas seu trabalho não oferece os resultados alcançados por outros, evangelizados, que operam como intermediários de Espíritos mais elevados e abrangem e favorecem multidões mais amplas de necessitados.

Do resultado desse esforço depende:

a) *a conduta espiritual*, isto é, os modos de proceder face às regras e às exigências da vida espiritual, colocando-as acima de quaisquer outras preocupações, tendo-as como um ideal a ser alcançado no tempo mais breve possível.

b) *a testemunhação evangélica* que exige alterações profundas no campo dos sentimentos, para que, assim, os pensamentos e os atos, que são frutos da consciência interna, sejam concordantes com aquilo que o Alto espera de nós, o que significa o dever universal e não o particular.

Esse desdobramento de consciência determina a apuração de sentimentos no campo do amor, e gera pensamentos de caráter positivo, construtivos, benévolos, tolerantes, pacíficos, em relação a todos os seres; e, no campo dos atos, obriga o médium a somente agir no sentido do bem, abstendo-se de toda ação duvidosa.

Por outro lado, como semeador de sementes do bem, deve ele sempre agir desprendidamente, sem se preocupar com a colheita, pois que esta não é a sua tarefa, e, ainda, semear de graça e de graça distribuir.

## 5 - ELEVAÇÃO DO PADRÃO VIBRATÓRIO

É necessário esforçar-se rigorosamente para manter padrão vibratório o mais elevado possível, único meio de se sobrepor às inferioridades do meio ambiente, reduzindo o mais possível as interferências de forças e de entidades maléficas.

Conforme for a tonalidade vibratória, o perispírito se apresentará mais claro ou mais escuro, mais sutil ou mais denso, mais luminoso ou mais sombrio, mais vivo, ativo, dinâmico ou mais amortecido, lânguido, inoperante. Eis o que diz André Luiz sobre isso: "o acendermos uma luz seremos os primeiros a sermos iluminados; ao apagarmos uma luz seremos os primeiros a nos envolvermos de sombras".

A sintonia mais elevada permite manter sintonia com Espíritos mais elevados, mais evangelizados, os únicos, repetimos, que podem tornar-se veículos de revelações úteis à evolução do mundo; e a mediunidade é justamente um dos mais poderosos elementos postos à disposição do mundo para auxiliar essa evolução.

E nenhuma dessas qualidades benéficas o médium poderá possuir se não realizar previamente sua reforma íntima porque, para sua eficiente atuação, não basta unicamente a posse de faculdades psíquicas; e se assim não proceder, cairá na estagnação, na dominação de Espíritos de esferas inferiores dos quais passará a ser instrumento simplesmente escravizado.

E nenhum médium poderá alegar falta de orientação ou de auxílio para atingir condições melhores, porque hoje em dia todos os recursos teóricos e práticos estão para isso à sua disposição nas escolas e cursos competentes.

Se é verdade que Espíritos superiores, em dadas circunstâncias podem baixar seu teor vibratório para sintonizar-se com médiuns dotados de vibração mais baixa, isto todavia não é regra geral. Assim sendo, é dever de todos os médiuns responsáveis lutar para elevar seu padrão vibratório, tanto em benefício próprio, como da tarefa que lhe cabe desempenhar na Terra e para a qual, justamente receberam as faculdades que possuem. Isto, aliás, é o que se passa com a maioria dos médiuns, sendo raras as exceções, que se referem unicamente a médiuns possuidores de "mediunidade natural", isto é, possuidores de faculdades mais apuradas que adquiriram evoluindo na sua trajetória espiritual.

# 6

# *Os Deveres*

Exposto assim, conquanto muito por alto, o que se refere à preparação dos médiuns, vejamos agora quais são os seus deveres:

1) os do campo individual;

2) os do campo coletivo.

## 1 - DEVERES DO CAMPO INDIVIDUAL

São os relativos ao intercâmbio mediúnico. Já convenientemente preparado, inclusive pela reforma íntima, o médium passa então a servir de intermediário nas relações entre as diversas esferas de manifestação dos mundos encarnados e desencarnados, concorrendo grandemente para o intercâmbio entre os seres que o habitam.

Como a quase totalidade das mediunidades é "de Prova", o médium possui inúmeras deficiências e limitações, sobretudo no campo espiritual, que deve se esforçar por eliminar e das quais já tratamos antes, de passagem. Possui resgates a fazer para pagar dívidas do passado, defeitos físicos e psíquicos a combater.

Por outro lado, estas circunstâncias favorecem a interferência de Espíritos de classe inferior, que se esforçam por desviá-los do caminho certo, inutilizando seu trabalho.

Para vencer estas inferioridades é preciso desenvolver firmemente as virtudes da paciência, da perseverança, da fé e da humildade. Mas os próprios programas das escolas de médiuns incluem estes deveres e auxiliam os médiuns a conquistar tais virtudes, e esta é uma razão a mais para se compreender quanto são necessárias tais escolas e cursos.

E como o livre-arbítrio é atributo de todos os seres humanos, existindo forças que operam para o bem e para o mal, cada um opta pelo que desejar e colherá os frutos de suas atividades benéficas ou maléficas. Para os médiuns, essa colheita é muito rápida porque se desprezar os esforços de auto-aperfeiçoamento pessoal e mediúnico, começará a receber de pronto os maus resultados de sua negligência ou irresponsabilidade.

## 2 - DEVERES DO CAMPO COLETIVO

Consistem no serviço ao próximo, nas servidões do bem.

Esse serviço deve ser prestado pelos médiuns sem restrições, com a assiduidade mais rigorosa, desprezadas as comodidades comuns, porque é o caminho mais reto a trilhar para sua própria redenção pelo cumprimento do dever.

Desprezar sistematicamente preconceitos e maus costumes que tentem impedir sua tarefa. Conciliar os deveres domésticos e familiares, que também não devem ser desprezados, com a assiduidade ao serviço do próximo.

Como pode polarizar forças do bem e do mal, sua responsabilidade é considerável e isso obriga a isolar-se definitivamente do mal, e integrar-se definitivamente no setor do bem, que é aquele que se liga ou provém das esferas iluminadas do reino de Deus, nosso Criador.

Seu trabalho não é somente tomar parte em sessões, mas orientar os adeptos no sentido de sua evangelização da qual ele, médium, é o primeiro a oferecer os melhores exemplos.

Para isso deve o médium possuir também o seguinte:

**a) Capacidade de sacrifício e de renúncia**

Para devotar-se realmente ao trabalho, auxiliando a todos indistintamente, esquecendo-se de si mesmo, num grande esforço de fraternização, renunciando a suas próprias comodidades, lutando contra as tentações do mundo material em todos os sentidos e eliminando ambições.

**b) Virtude da humildade**

Combater o personalismo, o egoísmo, o orgulho, defeitos morais que impulsionam sempre no sentido de separações, distinções, privilégios e dominação de uns sobre outros; humildade para poder suportar reveses, fracassos, humilhações, decepções que a cada passo surgem no exercício da sua dignificante tarefa.

**c) Ideal de servir**

Postos seus olhos fora deste mundo de misérias e sofrimentos próprios de humanidade ainda tão retardada como a nossa, manter seu coração e seus pensamentos sempre voltados para seu trabalho de esclarecimento e de caridade cristã, sem nenhum desejo de recompensa, plantando sementes boas e distribuindo benefícios como agente que é do Consolador, prometido por Jesus, cooperando com Ele na tarefa grandiosa da redenção da humanidade.

### d) Cobertura espiritual – fonte de energia

Já vimos que é necessário adquirir padrão alto de vibração para poder sintonizar com Espírito de esferas mais elevadas. Com isso o médium assegura sua própria conservação e a manutenção de suas energias físicas e morais indispensáveis para a realização do seu trabalho ante as arremetidas infalíveis, inevitáveis forças do mal, que são aquelas que dominam mais facilmente no mundo do qual fazemos parte.

Essa sintonia deve ser mantida diariamente com preces, meditações, boa conduta e fé inabalável na assistência dos Espíritos protetores que nunca falta a todos os trabalhadores.

# 7

# Conclusão

Podemos agora reunir todas estas considerações, para dizer que a tarefa do médium possui três aspectos fundamentais e complementares, que são:

1) Intercâmbio com os mundos espirituais, para recebimento de instruções, conselhos, diretrizes e revelações destinadas a auxiliar a evolução da humanidade.

2) Orientação das massas humanas em ação intensa no meio social, para a espiritualização dos seres humanos com a difusão do Evangelho.

3) Serviço em bem do próximo, como agente do Consolador prometido por Jesus.

# *Novos Processos de Intercâmbio e Aperfeiçoamento para Curas Espirituais*

# *Introdução*

Nas diferentes esferas dos mundos espirituais menos elevados, as atividades e movimentos individuais são limitados por diferenças vibratórias, geralmente intransponíveis, salvo em determinadas circunstâncias especiais.

Por isso, o intercâmbio entre habitantes desses mundos e os Espíritos encarnados só se pode dar mediante ajustamentos, com os primeiros baixando seu teor vibratório até a condição vibratória dos médiuns e estes, elevando o seu, até atingir a dos Espíritos desencarnados.

Por outro lado, a menor ou maior capacidade de elevação vibratória dos médiuns depende de suas condições morais, sua purificação, o que vale dizer, de sua espiritualização, sendo também certo que a mesma regra se aplica nos casos de intercâmbio entre Espíritos inferiores, aos quais não nos referimos aqui e cuja reciprocidade vibratória é semelhantemente necessária se bem que, neste último caso, não seja condição fundamental.

Também é sabido que nenhum dispositivo mecânico ou eletrônico ainda pôde obter esse intercâmbio (referimo-nos aos primeiros) em condições favoráveis em nossos meios, senão pela mediunidade e assim mesmo, em condições semiprecárias, devido às carências mediúnicas e às referidas diferenças vibratórias entre os planos.

Esta é a razão pela qual vimos, há tempos, estudando os meios para melhorar este intercâmbio e julgamos de utilidade antecipar a publicação de alguns resultados alcançados, para que o concurso de outros companheiros, estudiosos do mesmo assunto, dêem prosseguimento às experimentações utilizando, caso o desejem, é óbvio, este pequeno subsídio para que, por fim, se possa atingir resultados mais perfeitos e definitivos em breve tempo.

São Paulo, julho de 1979
*O Autor*

# 1

# Processo Direto de Intercâmbio Espiritual

Em várias ocasiões, em publicações anteriores, vimos indicando a conveniência de simplificar e tornar mais diretos os processos de intercâmbio com os Espíritos de outros planos, para se abreviarem as dificuldades decorrentes, sobretudo, das deficiências mediúnicas e obter resultados mais práticos e rápidos no atendimento das necessidades de nossos irmãos encarnados.

Caso típico é o das incorporações, que tão largo espaço ocupam no recebimento das comunicações e nos atendimentos públicos de males espirituais.

Visando facilitar essa modalidade de intercâmbio, desde a publicação do tratado – *MEDIUNIDADE* – em 1947, já havíamos desmembrado essa faculdade psíquica em três aspectos diferentes e complementares: consciente, semiconsciente e inconsciente. Consciente, para os casos mais numerosos de recebimento telepático; semiconsciente, quando o fenômeno se apresenta com algum desenvolvimento para a inconsciência; e inconsciente, finalmente, quando o Espírito comunicante se apodera e utiliza livremente dos recursos mentais do médium para o comando do corpo físico, sobretudo da palavra.

Em qualquer destes casos o médium, mesmo no transe inconsciente, não perde sua capacidade ambulatória.

Com esta divisão o problema, de certa forma, simplificou-se e no livro *Desenvolvimento Mediúnico* (dirigido, mais que tudo, aos expositores e dirigentes dos cursos e Escolas de Médiuns), pelo método que denominamos – das **cinco fases** – tornamo-lo ainda mais simples e acessível visando, ao mesmo tempo, dar aos médiuns maior conhecimento do que se passa com eles durante o transe, desembaraço, segurança e o mais profundo sentido de responsabilidade própria.

E ainda nesse mesmo método indicamos a conveniência da simplificação do transe e da redução, a limites mais restritos e objetivos, das doutrinações de sofredores e obsessores em geral, em muitos casos substituindo palavras e argumentos por fluidos de amor e vibrações coloridas, que eram realmente simplificações do processo geral clássico, formalístico e teórico até então usado, e ainda redução das falibilidades mediúnicas por efeito de interferências anímicas.

Desde 1974, visando a comunicação de entidades espirituais de maior saber e condição evolutiva, inclusive as provenientes de outros orbes do nosso sistema planetário, vimos experimentando processos novos, mais aperfeiçoados de intercâmbio, que julgamos agora conveniente divulgar para exame e conhecimento dos confrades em geral.

As experiências nos levaram a utilizá-los com base na incorporação de forma mais avançada, ultrapassando as dificuldades e os impedimentos até hoje encontrados para obter melhores condições de resultados.

Dessas dificuldades, além das provenientes das diferenças vibratórias, a mais considerável e difícil de vencer foi sempre a interferência anímica do médium que, mesmo quando não o deseja, altera e deturpa muitas vezes, desfigurando as ideias e pensamentos dos Espíritos comunicantes.

De outro ponto de vista, era necessário que o novo processo não impedisse ou anulasse a liberdade do médium ou a sua própria consciência de colaboração individual, sempre prestada com amor e boa vontade, e que deveria ser conservada, sem contudo, poder interferir na comunicação, mesmo quando não o desejasse.

Vencidas essas dificuldades maiores, era de supor-se que o restante seria irrelevante, por se tratar de problemas meramente funcionais, mecânicos ou eletrônicos, suscetíveis de transposição no exercício do próprio trabalho e resolvível com o auxílio direto e maior das entidades espirituais interessadas também na solução.

Após várias experimentações, exercitadas em conjunto com os referidos benfeitores, fixamo-nos em um processo simples, admissível e prático, que denominamos (por mera conveniência didática) etereofonia, com auxílio do qual passamos a receber, através de médium devidamente preparado, valiosas comunicações de entidades ligadas ao movimento espírita de nosso País e de outras origens, inclusive do respeitável codificador da Doutrina Espírita – Kardec.

## ETEREOFONIA

O processo em si, consiste na formação de um tubo fluídico de determinada condensação fabricado pelo próprio Espírito, como na voz direta, o qual é introduzido na garganta do médium pelo Espírito, e do qual este se serve para, do seu plano etéreo, transmitir diretamente suas ideias e pensamentos, utilizando a ponta do tubo que fica ao seu alcance em seu plano.

A vibração fluídica das palavras que o Espírito pronuncia ou mentaliza e, em seguida, projeta pelo tubo, transita por este até a laringe do médium; esta, recebe os impulsos vibratórios que acionam as cordas vocais, onde os mesmos ganham sonoridade e prosseguem pela faringe até a boca do médium, onde se articulam as palavras a serem ouvidas em nosso plano.

Eis o esquema (tubo laríngeo)

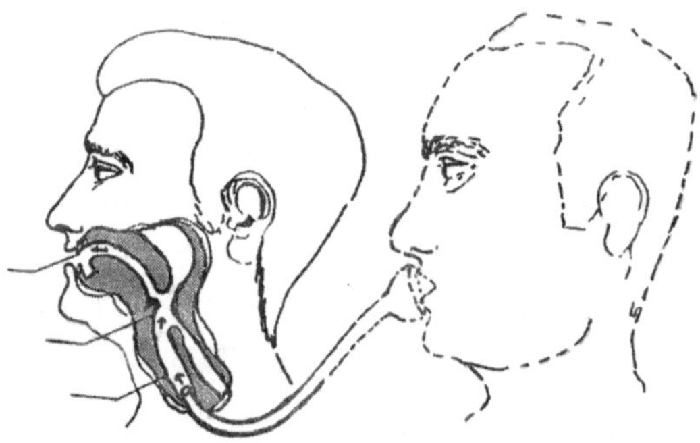

Como já foi dito, este é o processo a ser utilizado com médiuns de incorporação semiconsciente ou inconsciente, não importa, e por ele os Espíritos podem se comunicar facilmente e sem preocupações de interferências, o mesmo também sucedendo no sentido inverso, quando a transmissão é feita pelo operador encarnado, o médium, nos dois casos, falando com o seu próprio tom de voz, visto que a laringe é a dele própria.

Nas primeiras vezes, os médiuns acusam ligeira e momentânea irritação na garganta, que desaparece logo que o tubo é colocado e a partir daí a transmissão se faz com clareza, desembaraço e facilidade de parte a parte.

No trânsito entre as partes, desde o início e até a chegada à boca do médium, o tubo é revestido pelo Espírito com um substância isolante, fluídica, densificada, de cor azul-prateado, que isola os impulsos vibratórios de qualquer contato e influenciação dos tecidos orgânicos.

Logo depois, foi conveniente desdobrar este processo em duas modalidades quase idênticas com os nomes de tubo laríngeo – (o que acabamos de descrever) e tubo coronário ou mental – como se segue:

## TUBO CORONÁRIO OU MENTAL

Esta segunda modalidade destina-se ao intercâmbio mais apurado, com Espíritos de maior hierarquia e que possuam as mais perfeitas possibilidades de utilização mental.

É um tubo semelhante ao anterior, colocado na região coronária do médium e vai até o local onde se encontra o Espírito comunicante; sendo que o tubo e a área mental do médium estão devidamente isolados de contatos e interferências de ideias e pensamentos do médium.

Se no tubo laríngeo, o que se transmite são impulsos vibratórios modulados, neste são ideias e pensamentos de mente para mente, o que facilmente demonstra sua superior qualificação, dependendo, contudo, que sejam preenchidas as condições do emprego.

O Espírito, de seu plano, transmite suas ideias e pensamentos diretamente para a área mental do médium, através do tubo, de onde a modulação vibratória, animada pela vontade do Espírito comunicante, automaticamente segue os canais das transmissões internas orgânicas até atingir a laringe do médium para a articulação das palavras (transformação dos pensamentos em sons) prosseguindo pela faringe até a boca, para a pronúncia das palavras a serem ouvidas em nosso plano.

Neste processo, tanto a mente como as seções do tubo em todo seu percurso, mantêm-se isoladas, para evitar contatos e interferências vibratórias com tecidos orgânicos e produtos mentais do médium.

É fácil perceber que, se as ideias e pensamentos vindos do Espírito chegarem desprotegidos à área mental do médium, serão ali envolvidos e alterados pelos produtos mentais deste.

Eis o esquema (Tubo Mental)

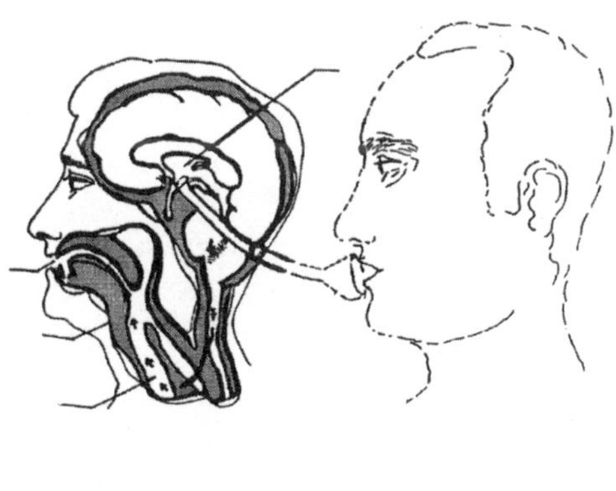

Esta modalidade, muito mais que a primeira – tubo laríngeo – não pode ser generalizada, por possuir condições muito mais delicadas, que exigem preparo mediúnico mais apurado.

Pelo tubo laríngeo, podem ser atendidos os casos comuns, depois da devida preparação mediúnica, mas pelo tubo mental as exigências são maiores, porque fica reservada para intercâmbios superiores, para assuntos de mais alta responsabilidade.

## PREPARAÇÃO

A vulgarização dos métodos se fará após períodos prévios de implantação nos Cursos e Escolas de Médiuns bem orientados, formando-se ali equipes suficientemente adestradas para sua aplicação nos casos e nos limites citados, convindo sempre lembrar que a reforma íntima dos médiuns é condição indispensável para esta preparação.

Acentue-se também que estas práticas não significam absolutamente eliminação dos trabalhos comuns pela incorporação, indispensável na fase atual de difusão do Espiritismo sendo, muito ao contrário, condição de preferência para a preparação dos médiuns.

Acentue-se também que a parte moral do aperfeiçoamento é condição preenchida admiravelmente pela frequência às Escolas de Aprendizes do Evangelho, já suficientemente expandidas em nosso meio e em funcionamento em inúmeras Casas Espíritas bem orientadas e atualizadas.

É, pois, de se esperar que este processo simples e prático possa ser aceito, melhorado e aperfeiçoado por confrades interessados em concorrer para a mais ampla e perfeita atuação do Espiritismo em nosso País.

# 2

# Curas Espirituais Novos Processos de Atendimento

Em todos os setores das atividades humanas, pelo menos em nosso globo terrestre ainda retardado, operam-se mudanças e alterações que visam acompanhar os processos da ciência e enfrentar as exigências da própria vida, submetida a incessante e tumultuoso ritmo.

Os termos finais deste ciclo evolutivo tornam-se dia a dia mais evidentes e já exercem influência sobre a vida dos homens encarnados, obrigando-os a constantes e muitas vezes dolorosas necessidades de adaptação, acomodações e atualizações, para poderem manter-se equilibrados e livres, face aos programas encarnativos que lhes tocam, mesmo quando os ignoram e pelos quais são sempre responsáveis pelo uso do livre-arbítrio.

Neste panorama geral, as próprias religiões atualmente sofrem desvios de rumos algumas vezes milenares, depressões morais e materiais, por se ressentirem de segurança, deixarem-se envolver por temores pelo futuro incerto e sentirem suas bases, quase sempre dogmáticas, estremecerem sob seus pés; em consequência disso, vão abandonando tudo o quanto for possível no momento, do enorme patrimônio que desfrutaram até aqui e mantinham imobilizado por conveniência própria, protegidos pela rotina e pelo respeito às tradições.

Mas um sopro intenso de ideias novas, de dúvidas e contestações varrem o mundo, donde a paz e a segurança desertaram, a tudo sobrelevando o instinto de sobrevivência.

O Espiritismo, como doutrina evolucionista que é, não se exclui dessa movimentação desordenada mas, em vez de ser levado por ela, cumpre seu destino, colocando-se em posição e condições de conduzi-la, atendendo às instruções do respeitável Codificador Kardec que, numa inspirada visão do futuro, interpretando o que recebeu das iluminadas entidades que custodiaram sua transcendente tarefa, recomendou que a doutrina codificada deveria ajustar-se ao progresso das coisas naquilo que representasse benefício para a humanidade; atualizando-se, incorporando verdades novas que surgissem e provassem sua utilidade para o êxito da tarefa espiritual de redenção humana, realização para a qual fora enviada ao mundo.

Em nosso Estado, os processos estudados e aplicados, a partir da década de 40, visavam à organização da Casa Mater Estadual e, no setor de curas espirituais, ao mesmo tempo, à criação de um padrão para a unificação das práticas espíritas, o que logo depois foi considerado como um dos motivos da convocação do 1º Congresso Estadual Espírita do Estado, reunido em 1947.

Estas práticas foram metas atingidas na FEESP com eficiência e segurança e vigoram até a presente data com expansões em muitas partes e, com a evolução natural das coisas tornou-se conveniente, hoje, introduzir-lhes alguns pequenos aperfeiçoamentos que, da mesma forma também se justificam.

Neste pequeno opúsculo, oferecemos algumas sugestões que desdobram e aperfeiçoam os atendimentos de cura e concorrem para enfrentar as crescentes necessidades provindas da enorme movimentação da vida social em nosso Estado e, sobretudo, em nossa metrópole.

Assim sendo, aos processos em vigor, de cura de moléstias materiais e espirituais mais graves, que requeiram o mais pronto atendimento ou que resistiram a anteriores atendimentos, sugerimos as seguintes modificações que nada mais são que simples acréscimos.

## ALTERAÇÕES

Nas Casas e Grupos Espíritas, em concentração especial, solicitar ao Plano Espiritual a indicação de um Instrutor especializado no setor de curas, capacitado a orientar as turmas de trabalho, visando realizar os atendimentos em um menor número de sessões, evitando tratamentos prolongados e repetidos desde que, obviamente, sejam suscetíveis de recuperação mais rápida, por inexistência de limitações cármicas.

Designado este Instrutor, sempre que possível conhecedor das limitações que todos temos neste nosso ambiente material grosseiro, passam as turmas de trabalho a receber e a acatar sua orientação em todos os casos.

Em regra geral e, na maior parte dos casos comuns, os tratamentos atuais não vão além de quatro sessões, mas o que se visa agora são abreviações do tempo, com largo emprego de operações mediúnicas e a eliminação dos envolvimentos ou lesões espirituais em prazo muito menor, procedendo-se aos desligamentos e cortes logo nas duas primeiras sessões.

Com estas duas medidas todo o movimento será beneficiado e um maior número de necessitados será atendido em menor tempo e com eficiência e segurança mais positivas.

Nos dias em que vivemos, as dificuldades de vida são imensas, sobretudo para os homens menos aquinhoados de recursos e bens materiais e que lutam pelo ganha-pão de cada dia e, por isso, é altamente relevante o papel que o Espiritismo deve e está já desempenhando no encaminhamento, proteção e auxílio a esses irmãos necessitados.

Por isso avultam cada vez mais as filas às portas acolhedoras das Casas Espíritas, todas em busca de cura para seus males e conforto moral para sua condição de inferioridade.

Pois para atender a este afluxo constante e colaborar na amenização deste problema social, é que se tornam necessárias algumas ligeiras modificações nos trabalhos práticos para facilitar os atendimentos, aumentar o número de beneficiados e, qualitativamente, melhorar o resultado do esforço que milhares de companheiros nossos desenvolvem devotadamente, nas Casas Espíritas em nosso País.

Ao que está, pois, estabelecido desde anteriormente, sugerimos as modificações seguintes:

1) O aprimoramento do desenvolvimento mediúnico nos Cursos e Escolas de Médiuns, formando-se turmas selecionadas que possuam maior capacidade de doação de fluidos magnéticos e de ectoplasma, para sua distribuição oportuna, em número de um a dois médiuns para cada turma dos trabalhos já conhecidos como P3A – material – e P3B – espiritual, que poderão ir de um simples desligamento fluídico maligno, a uma operação mediúnica de fundo espiritual, em uma ou duas sessões, com curto intervalo de tempo entre elas.

2) Indispensável é o autodesenvolvimento das faculdades psíquicas dos médiuns, pela reforma íntima, como base e na forma dos programas em vigor nessas escolas, visando a maior e mais pronta colheita de resultados de sua preciosa colaboração pessoal, num automeritório esforço que, aliás, reverterá em seu próprio benefício evolutivo.

3) É importante que na formação dos médiuns, as inscrições nos cursos e escolas sejam rigorosamente privativas para candidatos que realmente possuam **mediunidade-tarefa** e se interessem também intelectualmente pelo seu desempenho com, pelo menos, algumas noções de anatomia, fisiologia e higiene que, aliás, constam dos programas escolares.

4) Nas consultas, solicitar dos Benfeitores Espirituais a mais clara definição do estado físico e psíquico dos doentes, para um mais rápido tratamento individual nas correntes de cura.

5) Combinar com eles o ajustamento do sistema de trabalhos nos dois planos para liberação mais rápida dos necessitados, dando-se assim maior

vazão e fluidez aos atendimentos no tempo de que se dispuser, segundo as possibilidades da casa.

6) Elevar, pela autopurificação dos médiuns, o teor vibratório global dos grupos de trabalho para, consequentemente, melhorar sua acessibilidade aos benfeitores espirituais – que são justamente aqueles que realizam as curas – oferecendo-lhes ambientes e condições favoráveis à sua piedosa atividade junto a nós, mantendo nas equipes de trabalho equilíbrio e unidade no teor geral vibratório, bem assentado nas bases do amor aos semelhantes, fator preponderante no êxito comum dos grupos.

7) Aperfeiçoar os conhecimentos individuais sobre as aplicações de cores, raios e luzes, estudando as obras já editadas pela Aliança Espírita Evangélica[29].

8) Considerar que as lâmpadas e outros dispositivos projetores de luzes e raios são hoje largamente utilizados no Plano Espiritual para atendimento dos necessitados da Terra sofredora e retardada realizando curas, afastamentos, desligamentos e cortes nos casos de envolvimentos malignos por trabalhos inferiores, sendo conveniente que nos primeiros estágios das aplicações visem de preferência, limpeza e higienização, passando em seguida para os casos mais difíceis, tudo a critério do Instrutor Espiritual das turmas, tendo também em conta que o tempo das doutrinações demoradas e prolixas já está passando, chegando ao fim, porque o número cada vez maior de necessitados a atender exige maior eficiência e rapidez nos atendimentos, esforço esse cujo volume tende a crescer imprevisivelmente para cada trabalhador.

9) Considerar, por outro lado, que os benfeitores do Plano Espiritual ressentem-se também de tempo para enfrentar o acréscimo constante de solicitações que recebem de todas as partes do globo, lutando ainda contra as péssimas condições de sanidade da atmosfera planetária, saturada de miasmas, pensamentos e fluidos ruins, gases químicos e outros elementos da poluição geral que envolve o Planeta; e não é justo acrescentar a tudo isto nossas próprias inferioridades intelectuais e psíquicas, pela falta de cooperadores capacitados e bem preparados, casos nos quais os Espíritos são obrigados a se limitarem a medidas de proteção espiritual e atendimentos ligeiros, que nem sempre levam à solução dos problemas que afligem àqueles que nos procuram.

10) Cada trabalhador, portanto, que se formar nesses grupos especializados, deve aprimorar sua purificação fluídica e vibratória para elevar sua

[29] Psiquismo e Cromoterapia.

dádiva individual de amor, produzindo uma colaboração eficiente e decisiva, certo de que além da nobreza do ato caritativo, deve levar em conta que estamos vivendo os dias anunciados pelo Divino Redentor nos quais **o espírito dominará sobre toda a carne e até as pedras falarão, caso os homens não o façam.**

A cooperação nas curas é trabalho de natureza evangélica abençoada grandemente por Jesus; e os médiuns são responsáveis pela execução das tarefas que a posse de suas faculdades lhes conferem e pelos compromissos assumidos na pré-encarnação que estão a exigi-las, sem perda de tempo, para poderem enfrentar com serenidade e firmeza o selecionamento evolutivo já bem próximo.

11) A boa organização, o método, a ordem, o respeito às regras e a unidade nas turmas, garantirão os bons resultados do trabalho e o seu caráter regular e não-arbitrário ou somente místico; e assim se poderá garantir a cooperação preciosa dos mensageiros do Divino Mestre que em grande parte dependem de nós, encarnados, para agirem na realização das tarefas que muitas vezes são também deles, por amor a nós.

As modificações que estamos aqui propondo são simples acréscimos aos trabalhos especiais denominados P3A e P3B para perturbações materiais e espirituais graves, como segue:

## DEMONSTRAÇÃO

**Caso nº 1** – consulta indicando profundo envolvimento de caráter maligno, por trabalhos inferiores.

**Atendimento de emergência:** Passes de limpeza fora do local de trabalho e P3B. Uma sessão para desligamento e corte e outra, no dia seguinte, para consolidação. P2, para observação, uma por semana, até duas semanas. Não havendo resultados do tratamento, prosseguir pelos processos comuns na sequência habitual.

**Caso nº 2** – consulta indicando infecção genito-urinária maligna, por trabalhos inferiores.

**Atendimento de emergência:** Passes de limpeza e P3A. Uma sessão para desligamento e corte e outra no dia seguinte para consolidação. P1, para observação uma por semana, até duas semanas. Não havendo resultados proceder como acima.

**Observação** – Após a limpeza psíquica, o doente, ao mesmo tempo, deve receber esclarecimentos sobre o significado das moléstias e sofrimentos, como abençoados recursos que são de evolução nos mundos baixos como a Terra e ainda sobre a natureza do tratamento que vai receber das mãos dos benfeitores espirituais que agem em nome de Jesus.

Esclarecer também que esse tratamento é feito em caráter experimental devido as ocorrências cármicas sempre presentes, aos maus hábitos, defeitos morais e vícios que porventura possua, que interferem e influem sobre os resultados esperados, sendo muito importante sua cooperação nos terrenos da fé e da compreensão.

Após o atendimento o doente deve cuidar de sua evangelização pela reforma íntima, inscrevendo-se na Escola de Aprendizes do Evangelho ou cursos correspondentes. Havendo mediunidade, deve empreender o indispensável desenvolvimento em escolas ou cursos competentes.

Como já foi dito, este atendimento de emergência não pode ser generalizado e deve ser executado por médiuns devidamente preparados e selecionados pelo teor vibratório e pela boa formação técnica e evangélica.

## NOTAS FINAIS

Os processos de intercâmbio sugeridos aqui, no 1º capítulo, não devem ser generalizados, como dissemos, utilizados arbitrariamente, ou em público em ambientes heterogêneos, por serem trabalhos especializados e recursos mais avançados que exigem médiuns de incorporação bem preparados, técnica e moralmente.

O **tubo laríngeo** pode ser empregado nos casos comuns, menos relevantes, após a devida preparação mediúnica; mas o **tubo mental** é reservado somente para intercâmbio com Espíritos superiores, em assuntos relevantes, a critério dos Instrutores Espirituais.

Esses processos aos poucos irão sendo conhecidos, desenvolvidos e aumentado o número dos que poderão executá-los.

"Inútil será, diz um Instrutor, estudar processos novos de desenvolvimento mediúnico e de evangelização, enquanto os homens não acordarem e se mantiverem submersos nas ilusões do mundo material, sendo ainda a dor o recurso heróico e eficiente para a evolução espiritual."

Reconhecemos a justeza destas apreciações que se aplicam, é lógico, aos recalcitrantes; mas propomos estes avanços a servidores da Aliança Espírita Evangélica e grupos similares de estimado valor, que por si mesmos se comprometem perante Jesus, nas Escolas de Aprendizes e de Médiuns, a uma espiritualização verdadeira, animados pelo desejo de se tornarem realmente testemunhos vivos e conscientes dos ensinamentos redentores, pela vivência evangélica.

Diz o mesmo Instrutor:

"Muito poucos neste imenso País estão capacitados a entender e a aceitar avanços deste tipo na vivência mediúnica e, fora dele, será ainda pior, pelo predomínio materialista e ignorância religiosa."

E prossegue: "São necessárias sempre escolas, mas dirigidas por pessoas capacitadas, que se aprofundaram nas necessidades reais da espiritualização e expositores possuidores de formação doutrinária satisfatória; e verdadeiros arautos não são somente os alunos e os médiuns, mas também os dirigentes, instrutores e responsáveis".

Reconhecemos também como justos estes conceitos, mas entendemos que dentro da Aliança e casas similares, tudo deve ser real e verdadeiro e o espírito de sacrifício que foi base moral do ensino nas Escolas de Aprendizes e de Médiuns, deve ser a norma e o padrão de conduta para as conquistas a atingir por todos em dado tempo de evangelização aceita, consentida e praticada.

E podemos ainda afirmar que para todos nós, espíritas conscientes e dedicados, a vida não é somente contemplação, mas luta árdua para a fraternização em termos reais e cristãos com Jesus.

E encerramos este pequeno livro com as seguintes palavras do venerável irmão maior Bezerra: "quando a mente conseguir captar a verdade e o coração vibrar no mesmo sentido, não há mais receios, vacilações e dúvidas, sendo também certo que somente a experiência, o esforço próprio, a sinceridade e o exercício das funções e das tarefas é que nos indicam a têmpera do lutador."